ULLA SCHMIDT ANDERSEN, KIM BJØRN, ANJA BOLBJERG, BIRGIT ELGAARD BRETT,
VIVIAN LEE CHROM, JOSEPHINE DAHL, ANETTE FLAMAND, KJENNETH HOLM,
HELLE MAI NIELSEN, SUSANNE THUNØE, OLE WESSUNG
edited by ANDREA PENNINGTON, MD

TURNING POINTS

11 Inspiring True Stories of Turning Life's Challenges into a Driving Force for Personal Transformation

Turning Points

11 INSPIRING TRUE STORIES OF TURNING LIFE'S CHALLENGES INTO A DRIVING FORCE FOR PERSONAL TRANSFORMATION

by

Ulla Schmidt Andersen - Kim Bjørn - Anja Bolbjerg
Birgit Elgaard Brett - Vivian Lee Chrom
Josephine Dahl - Anette Flamand - Kjenneth Holm
Helle Mai Nielsen - Susanne Thunøe - Ole Wessung

Edited by Andrea Pennington, MD

MAKE YOUR MARK GLOBAL PUBLISHING, LTD

USA & Monaco

Turning Points © 2016 Ulla Schmidt Andersen, Kim Bjørn, Anja Bolbjerg, Birgit Elgaard Brett, Vivian Lee Chrom, Josephine Dahl, Anette Flamand, Thomas Rex Frederiksen, Kjenneth Holm, Sussi la Cour, Paul Lyderer, Helle Mai Nielsen, Susanne Thunøe, Ole Wessung

Published by Make Your Mark Global Publishing, LTD

The purpose of this book is not to give medical advice, nor to give a prescription for the use of any technique as a form of treatment for any physical, medical, psychological, or emotional condition. The information in this book does not replace the advice of a physician, either directly or indirectly. It is intended only as general information and education. In the event that you use any of the information in this book for yourself, as is your right, the authors and publisher assume no responsibility for your actions. No expressed or implied guarantee of the effect of use of any of the recommendations can be given. The authors and publisher are not liable or responsible for any loss or damage allegedly arising from any information in this book.

Without limiting the rights under copyright reserved above, no part of this publication may be reproduced, stored in, or introduced into a retrieval system, or transmitted in any form or by any means (electronic, mechanical, photocopying, recording, or otherwise), without the prior written permission of the copyright owner.

The scanning, uploading, and distribution of this book via the Internet or any other means without the permission of the publisher is illegal and punishable by law. Please purchase only authorized electronic editions and do not participate in or encourage any electronic piracy of copyrightable materials. Your support of the authors' rights is appreciated. And karma will get you if you violate this anyway!

While the authors have made every effort to provide accurate information regarding references and Internet addresses at the time of publication, the author does not assume responsibility for errors or changes that occur after publication. The authors also do not assume any responsibility for third-party websites and/or their content.

Book cover design: Andrea Danon & Stefan Komljenović of Art Biro Network www.artbiro.ba
Editors: Stine Buje and Andrea Pennington
Library of Congress Cataloging-in-Publication Data
Library of Congress Control Number: 2016917814
Turning Points: 11 Inspiring True Stories of Turning Life's Challenges into a Driving Force for Personal Transformation
First edition: December 2016
Las Vegas, Nevada
Publisher: Make Your Mark Global, LTD
p.196
Trade Paperback ISBN 978-0-9980745-2-8
Subjects: Self-help techniques
Summary: Let these true stories inspire you on the road to success and happiness. These 11 authors have successfully navigated through painful challenges and used them to fuel their pursuit of happiness. Discover how you can also transform tragedy into a driving force for personal transformation.

Printed in the USA

Contents

What are you thinking? 1
Kim Bjørn

Seize the day 7
Birgit Elgaard Brett, M.Sc.

You Can Heal Yourself 14
Ulla Schmidt Andersen

A Crude Lesson in Power Posing and Subconscious Communication ... 21
Anja Bolbjerg, M.Sc.

Touch to Transformation 28
Vivian Lee Chrom

Personal Growth Begins Outside Your Comfort Zone 35
Kjenneth Holm

'Til Death Do Us Part 42
Susanne Thunøe

Dare to Listen to Your Gut Feeling 49
Anette Flamand

Stand Up for Yourself 56
Ole Wessung

Change Your Thoughts, Change Your Life 64
Josephine Dahl

Power behind Bars 70
Helle Mai Nielsen

Introduction

Did you start out in life with a bold dream to be someone important, to do something heroic or to just be blissfully happy and free? Have you found a nice straight path to achieving your goals? I haven't. And neither have the brilliant and wise teachers who share their personal stories of tragedy and triumph in this inspirational book.

Like us, you have likely noticed that as we journey through life we encounter bumpy roads, detours, traffic jams and obstacles that cause us to get lost or arrive late to our intended destination, if we arrive at all. Add in the various childhood experiences which boost or break down our sense of confidence and competence and you quickly realize it's a miracle when we remain positive and focused on our path to a happy life.

And yet, despite the bumps and bruises, some people seem to take the challenges they encounter in stride. Instead of drowning in sorrow they pull out immense strength and power to rise to the top. Rather than merely surviving, they end up thriving.

In this book you will see that with each challenge we face we have a choice. We can give in and give up or we can dig deep within our hearts to find the strength to move on. Life presents us with a variety of turning points, critical moments where we decide to turn around and run, sit still or find a new way forward. In the pages of this book you'll discover the personal insights and lessons that helped 11 courageous people choose a path of joy, peace and prosperity. Overcoming personal loss, illness, injury, abuse, doubt and fear—all of that is possible for you. They are living proof. And their stories point the way to new ways of seeing life, your problems and yourself which provide you with a helpful map to navigate your personal turning points with more grace and confidence.

I am proud to have met each of these authors and I believe you will be proud to have their words close to you, too.

Andrea Pennington, MD
Monaco
October 2016

What Are You Thinking?

Kim Bjørn

It was a chilly spring evening. Tree leaves stood still, and there was the scent of summer in the air, hinting at warmer days ahead. I quickened my pace and blamed myself that I was now 3 minutes late. It would have been nice to have been sitting there already when she arrived. That way, I would have had some sense of control of the situation.

When I drew closer to the cafe, it dawned on me that this was where I had met my first girlfriend, 22 years ago. I had no time to dwell on the déjà vu, but it struck me that this was something of a coincidence. From the outside, the cafe looked almost exactly as I remembered it, with white wood paneling and railings next to the pretty Frederiksberg sidewalk. It was here that all the happy couples and nice, easygoing people passed by on their way to the park. I didn't feel quite so casual, happy, or relaxed when I walked up the path to the cafe door. The smooth copper handle was really poorly designed, which I noticed when my sweaty hand almost slipped on it. The intense, rich aroma of coffee and butter cookies hit me as I walked inside.

She was already sitting there. This was no mistake – it had to be her. In an imperceptible thousandth of a second, I stood still; it was like looking at myself. Just a somewhat more feminine and – as everyone would agree – prettier version. Her smile was a bit nervous, but we said "hello" and gave each other a friendly hug. It was strange – and yet at the same time it felt completely natural. The next few words that were spoken I do not remember so clearly, but we gazed much at each other's faces across our café latté. After a bit of small talk, exchanging formalities, and sipping coffee, she turned toward her bag that hung on her chair. "By the way, I have something for you," she said with her head half-submerged in the bag.

"Okay?" I replied tentatively, while my hand shook as I tried to get hold of the absurdly small handle on the inordinately fancy coffee cup.

She handed me yellow plastic album. It was one of these little thick seventies-like ones with embossed seams. She pushed it gently over the little square black table, so it was only a few centimeters from my still too fancy coffee cup. I stared at it. There seemed to be some drawings inside. I took a deep breath, opened it, and pulled them out slowly. "I do not know what you've been told," she said quietly while I looked at the colored pencil drawings, "but he has had these lying under his bed for as long as I can remember." I did not know what to say, other than, "Is it true?" There was also a black and white photo of a little boy of about four years. It had a white border around it. It was not faded, only a little worn on the sides. "You can see that it's you," she said, smiling. "He has always had it in his wallet – I thought you should know."

It was at that moment that it occurred to me that everything I had thought and imagined about myself – pieced together by feelings or trying to figure things out on my own in my life – was wrong. My thoughts about myself were based on a reality that had not existed. The evidence was in front of me – provided by my half-sister.

At that moment, I had to sit back and take a look around the room, and it dawned on me that some of the couples at the tables nearby sat and secretly listened. It was as if a spell had descended upon the cafe – as if everyone looked at me and waited for my reply or my reaction. Most of them probably thought that it was the weirdest date they had ever witnessed, and I could not blame them. The exotic lounge music returned, and I came back from my cinematic slow-motion vision. Back to reality, I found it hard to understand or come to grips with the revelation before my eyes. "

"Is it really true?" I repeated hesitantly to myself.

For most of my life I had created and believed in the idea that I had been abandoned, pushed aside, and unwanted by my late biological father. I had understood that he was "not good with children," and I had believed it. This belief could not have been further from the truth.

For my tenth birthday, my parents said they needed to tell me something important. I could see by their facial expressions it was serious. The message was that my "father" was not my real father. But they hoped that it would not change anything. Over the years I had learned to hide my feelings to avoid the disapproving glances from my stepfather, so I murmured, to their relief, that it didn't matter. Deep down I always knew that something was wrong, that I was different. Especially because on one sunny winter's day, I discovered a different surname after my first name on one of my Donald Duck magazines. It's not easy to hide things from children.

Can you believe I spent most of my life believing the negative thoughts about being unwanted? I took them to bed at night and told my battered brown teddy bear about them. I reminded myself about them when there was a run in the gym classes – with the result that sometimes I stood back on the starting line and pouted – or hesitantly ambled late goal. It was only when I tangibly proved that I was good at something that I almost believed I was worth something. For example, getting the best grades in school – this I proved in black and white. Yet – lurking within me – there was always the feeling of not being good enough.

If you have scraped gently across the surface of personal development literature, it is not news to you that our thoughts create our reality. It is really easy to read about it, or tell this to others in the kitchen of a private party at 4am. It is much harder to be aware of when our thoughts actually do create our reality in the immediate, everyday facets of our experience, and in the big picture (also called "life").

When I stepped out of the cafe that night seven years ago, I no longer took note of the poorly designed copper handles on the door. I noticed, on the other hand, the intense fragrance of flowers, the golden light between the leaves of trees, and the buzzing sound of happy people. The thought that all my life I had struggled to believe was no longer difficult to believe. It was now a reality. Comprehending this filled me with joy, but also sadness. Although I had long ago forgiven them all, it was a strange feeling to be set free – to feel good enough. Just like that, on an ordinary Tuesday night in Frederiksberg.

Later that year, I did something I never would have seen coming. The significance of it all didn't strike me until it was over – and had gone well. Everything and anything can go wrong when you have to play electronic music live on national television – with 1500 listeners in the

Cathedral of Copenhagen, and while Desmond Tutu speaks to your music. But the computer worked fine, despite the bomb dogs having drooled all over it earlier on. The queen did not fall asleep, and the Archbishop of Canterbury spoke highly about the music to my mother afterwards – which he had not needed to do because she is already my biggest fan! However, it was only later that she found out who he was.

Playing at the COP15 climate conference was the first step on the road to doing things that I had not been bold enough to do before because of my own limiting beliefs about myself. Yes, I had published more than a handful of books and held dozens of talks and seminars. But this, I told myself, was mostly because my passion for what I was teaching was so strong that it (almost) overshadowed my fears of how things would turn out. So I did not see it as anything particularly special or noteworthy that I was a speaker and a writer. But now it was different. Now I could begin to see myself doing things that I did not before believe was for "someone like me" and I started doing greater things because I wanted to and not because I felt I had to. Most importantly, I began to recognize myself for what I had achieved and to believe that I could achieve something more.

When I went to Arizona, in the United States, the following year, it was because I believed that I was good enough to play and compose music with strangers for a week, as well as construct a concert. It was an experience in the American desert I will never forget. There, I made friends for life. That's how music works.

What followed were more annual events that, I see now in retrospect, happened because my "I'm not-good-enough" thought was minimized. The unrealistic idea sneaked up on me, for example, that I might be able to run a marathon. The idea emerged when one of my really good friends ran a marathon. As some of the last runners came along, panting and dragging on far more kilos than I thought possible in the situation, I was struck by both a deep respect for those people and the thought that maybe I could do it, too. I saw the battle they fought. The fought against their own or other people's beliefs about whether they had the willpower to do it or not.

A year later, when I crossed the finish line of my first marathon, I found myself aglow with an indescribable feeling of having done something I had not thought I could do. A feeling I would urge everyone to experience at least once in their lives – no matter how. But now I had done it. The road to the finish line was not only the 42.2 kilometers, but also half a year of preparation with hundreds of kilometers, where I fought my way out of the shadow of a broken relationship and got back in the game. I also overcame my limiting beliefs concerning my painful, swollen knees which bother me later in life, having had surgery in both my feet in my youth.

After the race and the euphoric experience, I began to seek even more inspiration to break free from my previous thoughts about what I could or could not do. For example, I got the idea that I could change my name back to an old family name, beyond the names of my biological father and stepfather. It was easier than I thought and gave me my own identity. As I like to say, "Changing the name changes the game."

As time went by, I quit my good, well-paying job, ran my second marathon, and started my own business. All three things I had tried before with varying degrees of success, but this time it was with a vastly different starting point. It had become a habit – thinking that I could do whatever I thought I could. And I would, for example, finish my second marathon – despite the fact that in the last 15km I had leg cramps and had to stop every 500m. Indeed, it can be hard to believe that one can – even if you do want to believe. But when you've tried something before, and you've succeeded just a little bit, then the thought of succeeding again is not far away. And I did succeed. In the same way, I set a monthly sales target in my business that I wanted to reach within a year. When I reached it after only three months, reality hit me: "I can actually do this – it's possible."

After wearing Nike's white basketball sneakers in the 80s, I've always liked their slogan, "Just do it." Life rewards action. When you do something – take action – you create a reality that is far easier to believe in than just possessing a given thought. One can spend a long time on the couch, thinking about what one could or would do. But to actually do it, herein lies the difference. It is a success in itself to act, for only in this way can you create a reality that actually is reality, a reality that you can build on. Even if you "just" tried, you already have success in taking action and you know you can try again.

If you have a belief that you cannot do something, then seek out the reason for the conviction. Explore it—and eliminate it! As an example, I didn't think that I could tell such a personal story like this. Nevertheless, you've just read it. There is only one way to get from idea to reality: word for word, step by step, day by day. If you can take just one small step on the road to something you have not previously dared to believe or thought you could do, then my mission is accomplished.

What will your next action be? How will you create a reality that overwrites and erases your negative beliefs and actually shows you "in your face" that you can do it, that you are good enough, and that you just need to get started?

About the Author

Kim Bjørn is a designer, electronic musician, author and speaker. He has published a number of books in his field and holds regular lectures and workshops for companies and organizations, who want to optimize their visual communication, design strategy, brand or marketing. Over the years, he has taken his predilection for creating music more seriously. It has, among other things, resulted in many years of concerts and events under the project name "Dreamhub", where his electronic ambient soundscapes have created unique experiences for thousands of people at home and abroad along with the release of six albums. Over time, Kim has become known for his passionate way of communication and creative productivity. Therefore, he has started a new project that helps people to prioritize, focus, track and realize their ideas, dreams and projects. Amongst other things, it's based on his own experience with bringing client-projects and his own projects from initial idea to realized product.

www.kimbjorn.com

Seize the day

Birgit Elgaard Brett, M.Sc.

Once upon a time in Africa

Imagine a little Danish girl with long blond ponytails, three-years old, the youngest in her family. She was never alone as there was always one or another attentive older sibling around. Her world was a small piece of Denmark: a happy, content and secure life in a lovely, small town.

Then—*poof!*—Daddy leaves. Yes, she is assured that she will see him again, he is leaving for just six months. "Then we will all join him," she is told. It seemed very exiting. We were all going to move to Africa! "But, *Africa?* What is that, where is that?" she asked. "It is where the lions, leopards and elephants live."

Time passed quickly and six months later we were finally reunited after many hours on an airplane. "Wow, flying for the first time, but Daddy is waiting in Nairobi airport."

Then, several confusing things happened within a few days: goodbyes, tears and a very, very long, dusty, hot and bumpy drive through wild landscape full of totally new and strange animals and people, before arriving at our new home near Kakamega, near Lake Victoria and close to the equator.

Suddenly, everything was different and felt wrong. We were only Daddy, Mummy, Brutus, the new dog, and me, Birgit, age three. The family was divided yet again with my older siblings staying behind at different boarding schools in Nairobi.

Just imagine. This was at a time when we weren't yet globalized. This was before it was common to travel the world, before flying to Thailand or Africa for two weeks during the school holiday was quite normal. Back when children didn't watch television programs showing all the different cultures and people from around the world as an everyday thing.

So here I was, in the bush, as they call it. My mother and I were alone much of the time. My father was traveling around the large district, leaving us surrounded by black natives that, with a few exceptions, only spoke Swahili or a bit of English. My mother spoke English but I only understood Danish.

Our only neighbors within several hundred kilometers where either pitch black Africans or brown Indians either living in clay huts in small villages tending to their cattle, goats and sheep or living in Kisumu. I had never met or seen any people in my life looking or sounding even remotely like all the people now surrounding me. I didn't understand a single word.

I missed interacting with my beloved siblings during my everyday life, I had no one to play with. As if this wasn't bad enough, the garden was no longer a safe haven to play in and to go on wild pretend adventures. The garden was now a real live place of adventure full of poisonous snakes, spiders, monkeys and, when darkness fell, leopards. I remember being told that one of the favorite meals for leopards is dog. The thought that my only friend, Brutus, might become some leopard's supper was my worst nightmare.

And the final terrifying new discovery: the violent, tropical evening thunderstorms. Because we lived so close to the equator, these thunderstorms where as regular as clockwork. Every evening heaven and earth merged and seemed to become one.

I crawled under the kitchen worktop, where I sat, huddled tightly with my knees up, hiding against the wall, while the storm raged. I could just manage to see the massive raindrops hammering onto the red African soil right outside the kitchen door. The noise on the metal roof was deafening.

Adding to my fears, our driveway had been invaded (at least that is how my mother described it when my father away), by local men and women, who wanted jobs as the gardener and the cook. My mother was a very down to earth and able housewife. She couldn't see any reason why we needed a servant under any circumstances, and certainly not to look after three people. However, it became clear that they would stay put, camping in the driveway. To the locals, a job with an expatriate family was good money and easy work. So finally my mother hired two of them. The cook was a very tall, very black chap named Joram. He had a reference from another family, who had left but, other than that, we knew nothing about him.

To me, this was yet another new presence. Joram lived in a house near the main building. He seemed to always be around. One night, during a frightful storm with deafening thunder, the heavy smell of tropical rain and wet dust with bugs hammered against the light, I was again crouched under the kitchen worktop. Suddenly I saw two enormous black feet and legs walking towards me. I pressed myself back against the wall. The feet stopped, the legs bent, and this very big man folded himself together, crawled under the table, put his arm around me and, then and there, he started teaching me English.

From that point on, every thunderstorm became the coziest time! English lessons and the beginning of a six year African adventure. Joram turned a terrifying thing into adventure and from then on I had a ball, even when things got tough.

There were ups and downs as always in life. We moved back to Nairobi and at age five I started school in Westland's Kindergarten. The teacher was very strict and often used the ruler or her slippers on the hands or backsides of us children. Then, my primary school, Loretto Convent, which was run by nuns. I had a great time. But as in all international environments, friends constantly came and went. Including my siblings, as my sister soon returned to Europe and my brothers followed a year or two later.

Despite it all, I always seemed to remember Joram's lessons. I loved life in Africa, the safaris, the people, and the adventure. But then new winds blew and we returned to Denmark and the world of my now nine-year-old self shrunk. I suddenly found myself in a village school where very few people had ever been outside the county boundaries, let alone to Africa.

Faster than lightning, I was the odd one out again, the weird girl who already spoke, read and wrote in two languages. When it came to holidays, my references were snorkeling in the Indian Ocean or wild safaris listening to the cry of the hyenas and jackals.

I decided to slam the box shut with all my childhood memories. For the first year back in Denmark, every night ended in tears. I yearned to go back *home*, to Kenya. I didn't fit in. I was bullied, and from my teenage years onwards I gained 30 kg and had lots of acne. However, despite all this, the survival instinct learned under the kitchen worktop came to good use.

Ten years after returning to Denmark, after a 9-month adventurous trip to Australia, home was now Copenhagen and a new life as a university student began. Suddenly, I wasn't weird anymore because of my African childhood. Now I met students who had also travelled the world, who had references that were wider than their village. The relief was tremendous.

But the shift to a city, and the challenges of settling into a less than ideal living situation due to a shortage of student facilities combined with being overweight, severe skin problems and mother/daughter issues took a toll on me.

My mood struck an all time low with loneliness, the sense of not belonging, being fat, feeling ugly, and a sense of just being 'wrong.' These moods always sent me outdoors on long walks around some of the lovely spots in Copenhagen. But nothing seemed to help.

One spring day, when my mood was really low, I chose to walk through Frederiksberg Gardens. It is a lovely oasis with tall old beech trees, bushes, winding canals with ducks, sunny green lawns, a beautiful palace on a hill. With a zoo next door, I could hear the animals and the city seemed far away.

I walked with my head down, hands deep in my pockets, staring at my feet, I felt desperate.

I was not thinking about where I was going. As I walked in the shade beside a canal. I felt really sorry for my self, totally self absorbed. *What was the purpose of my life? What was the point?*

Then WHAM! I turned a corner and was struck by the sunlight on my face. It literally stopped me in my tracks. I had walked here many times so the scenery wasn't new, but stepping from the dark shade directly into the bright sun snapped me right out of my daze, out of my numbness.

My ears suddenly heard all the birdsong, the laughter from the people enjoying the sun on the lawn. My skin felt the warmth of the sun on my cheeks. It was like an epiphany. I suddenly knew that I needed to help myself. I felt I must grab the bull by the horns and change my situation.

And so I changed my diet, started walking even more, read stacks and stacks of books, took charge of my thoughts. I got advice from a wise lady who told me that you can't change other people, but your can change your own reaction to them. That became my beacon.

Now life became good. I enjoyed student life more and I came to love Copenhagen. I landed a great opportunity to spend 3 months in Nepal writing my thesis for a Master's degree while being paid to wander the Himalayan foothills interviewing local farmer families.

It was an amazing and life-changing trip. We were two young Danish students living in an area only accessible by foot, where the local people lived with food shortages for three to nine months of the year. We were like animals in a zoo to the children who had never seed Europeans. Whenever our shutters were open, the windows were full of little faces watching our every move.

We ate rice, rice and rice, preferably full of maggots. A local shop owner explained that maggots are nutritious. We got angry because we thought he was trying to cheat us and sell us bad products, but we learned that he was actually being kind. That was quite a profound example of how logic may vary according to the beholder.

We had lots of rats sharing our small cottage. At night, when we lay in our sleeping bags on the rough beds, we could hear them and when we switched on the torches, we saw their eyes shinning in the light. We went directly to the landlord to have something done so that the rats wouldn't contaminate our food. Big surprise. As with the maggots, we learned that the rats are holy, and therefore, protected, whereas cats were considered vermin because they kill rats.

After several months with constant diarrhea, boils on our legs due to insect bites, washing in the very unclean water of the river, a dislocated knee, and putting my fear of public speaking aside to give a speech in front of hundreds of strangers because it was the right thing to do, you can imagine that we returned to Denmark slim and transformed. It was a fantastic journey into an amazing culture, full of the poorest of people with the biggest of hearts.

Once again it was clear that we can choose our perspective of the different challenges life sends our way and that the outlook of one situation, through sheer choice, may be reversed or turned upside down.

Years later, when I was pregnant with my first child, my father was diagnosed with cancer. Two years later he was much worse and his stomach was swollen due to a sick liver. I was pregnant with my second child and he joked that now he could relate to pregnant women and our complaints about having a big stomach getting in the way.

Another two years later, ten days before the birth of our third child, my farther died at home, as he had wished. My mother, also ill, and I, heavily pregnant, sat in the sitting room of my childhood home, looking at my father, laying in the coffin. He looked so peaceful.

Suddenly my mother drew in a deep breath and said, "Well, I guess we actually had a good life. We haven't experienced any great losses, our children are doing well, the same can be said of our grandchildren".

I was struck with a deep sense of shock and sadness because as far back as I could remember, my mother had always complained about how things could be better. Her focus, while I had known her, were on life's disappointments. Hearing her say this, I felt robbed and cheated. All those years seemed wasted on life's trouble rather than life's joy. Then and there I swore, that I would not wait until old age before embracing the belief that life is good, and even when the tide is low, I can choose to make the most of it.

So which feelings dominate your body and mind when you lay in bed ready to sleep every night? How are your days? Do you go to bed at night thinking: "Yes, what a terrific day" feeling happy and content with yourself and your achievements or "oh no, yet another day down the drain", "why do I never manage to get things done" or "if only .... was different, then ....".

My experiences, supported by research into positive psychology, health amongst employees after restructuring and longevity across borders and cultures show that those of us who take charge of our own situation and happiness, bounce back fastest and stay healthy and agile to a much higher age, than those to stay trapped in the victim role, focusing on all that is wrong.

Have you noticed, either from your own life experiences or from people around you, that it seems that we often have to stare into the abyss before we take charge or shift focus and appreciate all that actually is good in our lives, all our achievements, successes and all the love and friendship? Oftentimes, it only happens when we reach a ripe old age.

I was fortunate enough to stare into the abyss at a very young age, not much fun at the time, but in hindsight, very lucky. Life has its ups and downs. But when you seize your day, transformation and joy can begin.

About the Author

Birgit Elgaard Brett is passionate about uplifting people so they shift focus, look for opportunities, find their own motivation, passion and joy for life through a practical and easy to do approach. Her focus is on what you <u>can do</u>. Birgit is an engaging and inspirational speaker and coach who incorporates research, stories, wisdom, and everyday practicality into her methods. After many years working with the international business community, she now stimulates growth and delivers results to both the personal growth community and businesses alike.

Birgit has grown to see the inherent gift in the difficulties life presents. Her teaching method incorporates vivid and often humorous stories of her own experiences as examples of how mental training provides the tools for stepping out of limitation and into personal power.

In addition to holding a Masters of Science degree in nutrition and chemistry, she is certified in five different coaching modalities and has been nominated as one of Silva International's hottest international instructors. Her mental training skills provide her with a powerful ally for living a balanced and happy life.

www.birgitelgaardbrett.com

You Can Heal Yourself

Ulla Schmidt Andersen, M.Sc.

I'm not the kind of person who leaves work early just because I feel sick. But on this particular day, where my nose suddenly swelled to double its size and my lips had become five times as big as normal, I had to leave my colleagues in a lurch.

My face was swelling, and I could tell that the process hadn't yet reached an end. I felt like I could almost not be in my skin anymore. I was highly uncomfortable and I was afraid that soon my tongue and throat would also begin to swell, so that I eventually wouldn't be able to breathe. Panic was building up and I felt helpless. So I rushed to the doctor only to find out that he was almost as terrified as me.

He didn't know how to treat my condition because the swelling was due to an allergic reaction to the very same kind of medication you normally use to treat the of life-threatening edema I was experiencing. So there I was. Sitting in front of the one man who was supposed to know how to help sick people, and he was worried?

Just a few days before this I had gone to the hospital because I had severe intestinal pain and bleeding. I had suffered from this condition, ulcerative colitis, for 25 years, and normally I could help myself without medication. But not this time. The symptoms were so bad that I had to pay the hospital a visit.

I remember asking the doctor what I could do myself regarding my diet, or whether there were precautions I could take in order to get control over the condition. But my question made the doctor angry. He explained to me in very harsh words, that my illness had nothing to do with nutrition, and that I better take the medication unless I was willing to have my intestine removed by surgery. I wasn't willing to that, at all.

So I went home, pulled myself together and started on the medication, only to ascertain that unfortunately I couldn't tolerate that particular drug. It caused the allergic reaction which made my face swell like a balloon. And now I was in front of another doctor. This one looking totally confused and anxious. He crossed his fingers and wrote me a prescription for another drug.

This was not the only worry in my life. For nearly one year, my 9-year old son had been depressed. No matter what I tried I wasn't able to make him happy and that really broke my heart. I felt so inadequate as a mom because I couldn't help him. On the other hand I wasn't prepared go and see a doctor to help him out. You see, I worked in a pharmacy for years and I had seen how kids with psychiatric diagnoses were heavily medicated. I wouldn't allow that to happen to my son, so I was stuck. My greatest wish was to see him happy, but I had no clue how to make it happen, and I was too afraid to ask for help.

Apparently it was our lucky day. I took the doctor's best guess medication and the swelling began to go down. After a week, I was back to normal size. And then the miracle happened.

Out of the blue, while in the library, a book suddenly called for my attention. "Help your child", was the title. I grabbed it and read it cover to cover. It turned out to be a book on craniosacral therapy. I hadn't even heard the word before. But according to the book, this gentle treatment could actually help children with diagnoses like ADHD, autism and also sad and gloomy kids, like my son. This certainly seemed worth trying!

The treatment was helpful for my son. After only a few sessions he changed into a completely different person, or should I say, back to his normal happy self. You can imagine my happiness and joy when that happened. No mom wants to see their child not thriving and without a smile on their face, and seeing my son smile again was just such an incredible joy.

So everything was back to normal again. Well, sort of normal. For something deep inside me had changed. Even though I was happy because of my son's recovery and I was relieved but frightened after the swelling incident, I now faced a new problem. I didn't feel comfortable at work anymore. I didn't enjoy it like I used to. For years, I had worked on my career as a pharmacist in order to qualify to own my own pharmacy. In Denmark, only pharmacists are allowed to apply for licenses to run a pharmacy, and it requires years of training and multiple other qualifications to be considered 'worthy'. But all of that seemed unimportant now.

With my new knowledge of an alternative treatment which had helped my son faster and more effectively than any medication would ever do, it felt infuriating to pass medicines over the counter all day long – especially medications for kids with psychiatric diagnoses. I felt divided. I couldn't allow myself to tell their parents about the new discoveries I had made without being disloyal to the pharmacy.

After a few months I found myself becoming more and more ill, and again, unable to handle the situation. This time I didn't go to see a doctor. Instead, I left my job. I didn't leave my job for only a few hours. I quit, for good.

I found a job where I didn't have to deal with distribution of medicine to customers. It was at a factory which produced vitamins and nutritional supplies. It also provided products for health care stores. I soon realized there was a whole world of self-help remedies outside the pharmacy.

It was there that the Bach Flower Remedies attracted my attention. I was very curious to find out how these remedies could possibly work. It wasn't like anything I have ever heard of during my formal education. The Flower Remedies don't contain active ingredients from the flowers, only an energy imprint. But, whatever. I would never have imagined that tiny, little movements of the skull and spine could make such a difference to our health either. But I had seen the proof myself with my son's craniosacral therapy!

So I gave the Bach Flowers a chance. After I had used them for a few weeks, a small wart that I had on my neck suddenly fell off. Just like that. That was just like magic to me, especially because the flowers are said to address your emotional state, not physical state. I also changed my diet in order to get control over my digestive system again. I began eating mainly organic foods and I quit coffee with milk and sugar from one day to the next.

After experiencing these positive effects with different alternative modalities, I knew that my scientific view of life was limited. Not that it was entirely wrong, but it was obviously not sufficient when you deal with health. The scientific scheme of things was not the whole truth, but only a small subset of the entire picture. "What else is possible?", I wondered. Then I started studying self-healing. Aggressively.

I was totally absorbed in the whole idea that there coexisted another approach to disease and healing than the tradition in which I had been raised. "Why haven't I heard of these things during my 8 years of education and 15 years of practice?"

I had some craniosacral work done for myself also. The pelvic pain, which I had put up with for 5 years since I was pregnant with my daughter, gradually went away. I began taking courses in craniosacral therapy. It was a great relief knowing that I would actually be able to help my son myself if he should ever experience melancholy again.

One day, during a session, I was lying at the table, when something indescribable amazing happened. Suddenly I saw a bright white light. It was like someone had turned on the sun *inside my head*. I was sure it must be because the sun shining through the window. But then, like out of nowhere I suddenly knew... I was supposed to become a healer. And when I opened my eyes again there was no sunlight in the room?!

This experience brought Reiki-healing into my life. I also studied metaphysical causes of illness, inspired by Louise Hay. She and Deepak Chopra, Susanna Ehdin and Edward Bach became my new gurus. They had known for years the things that had just revealed themselves to me. My colleagues at work were very open-minded and allowed me to give them sessions. But then the company was restructured, and I had to find another job.

Next, I was employed at a traditional medical company. But for some reason I didn't really fit in. It wasn't that the job description didn't match my profile, I just couldn't talk to my colleagues about the healing I did in my spare time. They didn't seem to approve of it. I was frustrated because I had a great wish to bring this amazing wisdom to the world but nobody really seemed to understand or even care.

Most of my friends and acquaintances at the time were also schooled in the scientific tradition. They were pharmacists, chemists and engineers. If I tried to start a conversation on healing or energy medicine they went silent. Even craniosacral work, which is quite anatomical and related to the nervous system, was not a good subject in a chat.

I felt alone. Alone with my new insights and wisdom. I couldn't even talk about these things with my husband, who also worked in the medicinal industry. After less than a year I was laid off from my job, without any proper explanation. I choose to believe that is was an intervention made by the Universe on my behalf, and it was telling me, that I should follow the path of a healer.

So I bought a massage table and began to give sessions on a hobby-like basis, and I enjoyed it! Reiki healing was also an opening of the spiritual world for me, a terrain I had never touched before. I began to see colors when I healed, and as I tried to figure out what that meant, again a book literally popped off the shelf. It was the autobiography of Vicky Wall, who founded the Aura-Soma system for healing through colors. Vicky Wall happened to be a pharmacist just like me and worked as an apothecary, when she was led into creating the healing, colored equilibrium oils.

Was that some coincidence? I think not! Of course I also felt led to study Aura-Soma. But as I was also unemployed I was supposed to seek new jobs in the pharmaceutical area in order to receive unemployment allowance. I signed a contract for a new job.

When my first work day arrived, it was time to leave the house to go to my new work place. But my heart suddenly went crazy. I was actually afraid that it would pop out of my chest. It was knocking so fiercely, that I had to make a decision right away. I called my new job and said: I am sorry, but I can't accept the job offer after all." Good!

After a few hours my heart calmed down, and I was able to relax again. Nobody understood what was going on with me to turn down a job offer like that. Perhaps I didn't fully understand it myself.

While reflecting on my decision, my husband was offered a new work position in Paris. We drew up the tent pegs and moved from Denmark to France with our little family. In Paris nobody knew my history and nobody had to know that I was really a lunatic of a pharmacist who had got a revelation. I could just say "Hello, I am Ulla and I am a healer".

It was like being given a clean slate. I felt free to let go of all the drama that had being going on. I could for the first time embrace the "new me". I was stepping into my new role and it felt good! It was uplifting to live in a country where you were not considered wrong or looked at as a nutcase when you dared to speak about natural healing techniques and remedies.

I opened my clinic, and more things was added on my repertoire. One of these was homoeopathy. In France there is a tradition for using conventional medicine, homeopathy and herbal drugs in parallel. A totally different approach than in Denmark.

After some years in France where I was continually working on self-development and learning more healing tools, it was time to go back to Denmark and once again I had to make an important decision. Should I go back to a secure and reputable job as a pharmacist or should I build my future on my new skills as a healer and therapist, even though people would think I am weird?

I decided it was more important to bring the concept of self-healing into the world and become a messenger of the lessons I learned than to care what other people might think of me.

I now work as a holistic healer and help others on their journey of self-healing. When I took responsibility for my own health, I found out that I actually could "choose" of I wanted to be ill or well, and that I have an inner power to heal myself.

In my own process I got rid of digestive problems, pelvic pain, headaches and allergies, from which I had suffered for years. My son has never had any relapses. He is still his happy, easygoing self. The best thing is, that you can do the same.

This short story is actually a brief synopsis of ten intense years in my life. I would like to share some of the most important lessons that I've learned about disease and healing. It's my sincere hope that they will serve you.

- Self-healing is a journey through self-discovery and self-development which leads into your inner core of perfect health
- You are not a victim of disease. Disease is an invitation to learn and transform your life.
- If you don't follow the calling of your soul, you might experience disease
- Medical science can be helpful, but is only part of the game when it comes to healing
- Illness is not just physical. The mental, spiritual and the emotional levels must also be healed or order to get well

- You have the power to heal yourself, and everybody can strengthen their self-healing powers

About the Author

Ulla Schmidt Andersen holds a Master of Science in pharmacy with specialty in quality assurance, counseling, teaching and competency development. Her career has always included working with people to deliver high quality, specialist counseling. After she awoke to the fact that there are more than conventional medicines between heaven and earth, she has continuously been educated in body treatments, healing, and energy medicine. She continues to advance in the area of self-healing through personal development and spiritual growth.

In 2007 Ulla chose to give up her career in the pharmacy in favor for her "Clinic for Self-healing", where she treats, counsels, educates and inspires others, who want to transform disease into personal growth and strengthen their self-healing powers. With a holistic model at the foundation, which creates balance in mind, body, spirit and emotions, Ulla helps people find in to their inner core of perfect health, so that they can gain a better quality of life.

www.klinikforselvhelbredelse.dk

A Crude Lesson in Power Posing and Subconscious Communication

Anja Bolbjerg, M.Sc.

I was a typical Danish girl who had just started high school. What set me apart from the people I hung out with from handball or school was subtle. I lived 6 miles away from school. In Denmark that's far and it's enough to make you feel a little different at this age. I also had a much older boyfriend. But other than that, I fit the mold pretty well.

A couple of months into that first year of Danish high school, which is the equivalent of the sophomore year, my brothers and I were told that we would all be moving to Paris over the New Year break because of my mom's job. For 3 years. My reaction was, "That's fine with me, I'll just stay here, okay?" But no, it wasn't okay. I was 14 and I had to go along. My parents were sure I'd like it.

My brothers and I attended the American School of Paris, which was pretty international. There, I was truly different – really, we all were. I thought it was really strange how in the cafeteria the boys would sit around the table and the girls stood behind, not really taking part in the conversation. Why would they want to just stand there? Also, many girls went to the ladies' room in the breaks to spray their hair. I had never seen that before! They probably thought I was really weird too. Like I said, it doesn't take much to feel different at this age.

We had great sports programs after school and I also liked to party so it wasn't hard to find people to have fun with though we came from all parts of the world. In fact, being different was probably what I appreciated the most after some time.

I went from having a fairly easy time with school in Denmark to really having to fight to learn chemistry and all the other subjects in a foreign language. Sure I'd had English in school in Denmark, but learning about Covent Garden and Scotland Yard hadn't quite given me the vocabulary needed. I had to put in quite the effort to be able to catch up and pass the weekly tests.

I had some embarrassing moments from time to time, though, while my vocabulary was being developed, like one time in 11th grade in psychology class. I think we were studying Freud and the word 'masturbate' came up – a word that I hadn't yet come across. So I raised my hand and asked the teacher: "Sorry, but what does masturbate mean?"

Though usually somewhat stiff and strict, the teacher was very kind enough to not let the giggles fill up the entire room before explaining to me. I felt kind of stupid but encouraged myself with a hey, "I'm just learning…"

I really liked psychology class but I kept getting Cs or worse on the tests. It was by far the class I got the worst grades in but I just didn't identify with "not getting it." I really wanted to do well and I kept studying with no regrets.

I had a feeling that my teacher had given up on me, but in the second semester I started to do better and I rocked the final exam. The interesting part though is that I'm not even sure if I got an A or an A+ because something far more significant happened.

On the last day of class my teacher announced to the whole class, "I want to recognize someone in particular who has done an extraordinary job over the year. She went from failing to failing but kept working hard and progressed over the year like I have never seen before. Good job, Anja!"

Wow! He didn't say "well done, you got an A." He chose to mention my effort and progress! That was the true victory for me. I managed to turn the situation around and not just accept that I sucked at this subject. I loved that feeling.

Today I realize that this experience has played an important role in shaping the version of me who believes I can do anything I set my mind to. I now know of several studies which explain the dynamics. I have worked with high performance in sports in all of my adult life. As an Olympic skier myself and then coach, mentor and even sports writer, sustainability in the performance lifestyle became a central theme for me. As part of my research within this field, I stumbled upon a mindset study by Carol Dweck, doctor in psychology. Her work investigates how praise affects our mindset and understanding of what is valuable. In fact the conclusion explains why this experience in school was so important to me.

Dr. Dweck found that if we are being praised for our efforts rather than our skills, it has a positive effect on our future performance and how we address challenging problems. In this case we will tend to find tougher challenges stimulating and our brain activity increases. This form of praise promotes a so called growth mindset.

On the other hand, if we are praised for skills, as opposed to effort, it tends to have a negative effect on brain activity and performance. Our concern then becomes whether or not we have the skills instead of doing our best to acquire them. Brain activity goes down if a problem is complicated and we are more likely to give up. We develop a fixed mindset about our ability and prefer to stay where we know we already have the skills and thus, we encounter a minimal risk of failure.

I have always had more encouragement in life than the opposite – but I'm Danish. We don't do much in bringing people forward and recognizing them in front of their peers – especially not if they are have been doing really well. As a matter of fact, if you know you are awesome or have done something extraordinary, you better be a little discreet about it. For better or for worse, that's the pact. We prefer to think of all of us as equals and this is our way of ensuring that. Though the Danish people are very aware of this 'pact' – and the limitations it provides – it is an integral part of our culture. It is commonly known as the Law of Jante as described in literature by the author Aksel Sandemose. The only place the rules can be bent somewhat is in sports, I think. So imagine double impact my teacher's 'public' recognition had on me.

My brothers and I used to make fun of the never-ending award ceremonies we had at the American school. It felt like every kid had a chance of being recognized for something: Drama, music, math team, model UN, sports... The recognition itself always celebrated the road traveled to get there. Of course it wasn't given to everybody, but everybody was given the feeling of possibility. I guess that was exactly the point.

After experiencing it socially with the other kids, I started to think that this was a better perception of equality. Everyone had a chance in their preferred domain. Not just in sports. Very different mechanics from the Danish sense of equality. My parents were right. I did start to like this.

In retrospect, I am convinced that my time in Paris and that last day of psychology class diluted the Law of Jante that is flowing my Danish blood. I don't mind being a beginner or even sucking at something – but I want to make progress. And standing out is a pleasure.

Had I not had that as part of my story who knows how many times I would have given up or fallen victim to challenges?

Many years later, I was traveling around as a World Cup moguls skier. I had been back in Denmark over Christmas to see my younger brother, Jakob. Logically, he should have been here traveling with me, training and competing on the World Cup in moguls skiing. Trying to qualify for the Olympics next year just as I was. But he was fighting a different battle and had to stay in the hospital.

When I came to see him, he asked me what I was doing there. The first thing he said was, "You are not supposed to be here. You should be out training!" After chatting for a while he asked me some questions about my future plans, notably with my boyfriend at the time. It felt like he wanted to know right there what was going to happen with me.

Our common project over the last 3-4 years was to qualify for the 1998 Olympics in Nagano. We had fallen in love with this sport together, watching others and trying to do the same. Together we had built up an athletic program in our country, including other people as well. One year earlier, he had had to let go of his own athletic part of that dream due to cancer but he was still a big part of it all from the sideline. It was OUR project together.

Now, a little more than a year before the Olympics, I sensed that he was sending me off on the rest of this journey alone.

In fact, I had received funding to pay for a coach who travelled with me. After the Christmas break we left for the World Cup in Canada. A few days after leaving I received a phone call. The worst phone call of my life. Following that, my memory is scattered and blurred. It is as if tears flooded it all away.

I did not go back to Denmark. I couldn't go to that ceremony. I felt like my parents understood although I know that it was selfish and cowardly. Somehow Jakob had told me I was not supposed to be there. Remembering his words to me supported my decision but the reality is that I just couldn't return.

A look in my training diaries shows that I kept training and competing. But I honestly don't remember. After a month, my coach who had been traveling with me the whole time, was ready to see me step out of my fog. One day he looked straight at me and told me I looked like a loser. In everything I did. Whether going for dinner or on my way to the start gate. I was always looking down...looking like an excuse for myself. I sensed how he was appalled by my weakness. It was nothing compared to how disgusted he had just made me feel, though.

How dare he? I had just lost my younger brother.
I was the most sad and vulnerable I have ever been in my life.

I was revolted. Literally. I couldn't even tell him to get out of my face, though that's what I felt like. I don't think I even asked him who the h--k he thought he was to treat me like a loser. I got so angry inside. No-one had ever said anything that crude and cruel to me.

He had always been very explicit in his criticism and I had grown some thick skin out there in the snow and wind since my first World Cup four years earlier. This time thick skin alone wasn't enough to not fall completely apart though. My state of shock being evident, he continued and tried to clarify, showing me a taller stance with chest up. "That's a winner," he said, "Proud." The difference was clear enough but I thought it was silly, exaggerated – and totally inappropriate!

"Is he so embarrassed with me being miserable, that he has to taunt me and try to change me," I wondered. I was willing to take a lot from him to become a better skier. That was his domain. But I felt like he was going against my core self.

However, he had also told me many times that I had two extraordinary qualities which made it a pleasure to coach me: humility and courage. I was good at working with criticism, he used to say, and I had built my whole foundation on that recognition to get this far. That was my key to being honest to myself and objective – even when it hurt. It meant a lot to my confidence and somehow defined me as an athlete.

However this time, his criticism had hit me when I was at the lowest point in my life. I couldn't even fight back and fend it off. I could just swallow those words. It wasn't fun, but as I digested and processed it, I could see that he had a point.

He was touching on something that I had the power to change. In the midst of my helplessness, there was actually something I could do. As my coach, he made an observation of something that brought me even further down. He wasn't trying to kick me while on the ground. He said I shouldn't take it personally. It wasn't about changing who I was, it was about changing the version of the story I was telling myself - through my body language - so that I could help myself rise and get stronger instead of breaking down completely.

Weeks later we finished in Japan and it was time to return to Europe. Coming back, my grief had turned into anger mixed with a degree of detachment from the competitions. I was angry that my brother didn't get the same chance as me, and at the same time I felt like it was my duty to appreciate just being here and having this opportunity. I had four world cups left to pre qualify for the Olympics which would secure me the financial stability to prepare for the Olympics in the best way.

From the first competition in Europe I felt fully present again and I skied my way to a 5th place. Afterwards my coach told me that the French coach had told him that I had a different look in the eye today. "Hungry." I understood that I didn't look like a loser anymore. I ended the season with a 6th place and two 4th places – my best results so far. Despite being the worst time of my life.

This story is not my recommendation of how to deal with loss and grief. Not at all. I reacted on fighter instinct rather than wisdom. I forced my way through and not without having to pay a bill later. That's another story though.

I hope my story shows you some channels you can tune into to boost resilience and give yourself self confidence and set you free to perform even when times are tough.

What I have taken with me is how body language is more than what you radiate to the outside world. You also *absorb* what your body language is telling. It can be through a posture, as in this case, or through tension or pain. Or a 'power pose' as Amy Cuddy has described in her popular TED talk from 2012. This absorption communicates directly to your subconscious mind, making it very powerful. I call it a body language internal channel. The same goes for the memories you bring forward and the stories you tell yourself. They also have a direct line to your most profound belief system and thus how you react under pressure

Tuning into these channels will allow you to understand the dynamics pushing and pulling your subconscious beliefs so that you can bring forward the messages that serve your highest good and let go of the rest. This will empower you to change your patterns and be your own best support - even in the darkest times.

About the Author

Do you have a life that demands high performance? Then you know how tiring it can be. With 20 years working with the world's elite in skiing and as physical trainer for several world class athletes, Anja Bolbjerg has helped many people to incorporate sustainability into the performance lifestyle. Anja uses those principles today in her courses, which help people find and maintain a sustainable balance between performance, self actualization and a healthy body.

One of Anja's favorite tools is training camps, which is widely used in the sports world. Her mission is to give non-athletes the opportunity to benefit from the intense, immersive experiences. If there is anything you would like to change or work on, perhaps the answer is one of Anja's training camps at El Camino, in the South of France or in a ski resort. Anja also produces events and contributes regularly to various magazines, newspapers, websites and TV.

www.AnjaBolbjerg.com

Touch to Transformation

Vivian Lee Chrom

I woke up in my Sydney hotel room. It was four o'clock in the morning and I could not sleep any longer. I was absolutely exhausted and in great pain. My husband was fast asleep in the hotel bed and did not notice my squirming around in the bed.

In the dark of the night, I got up and pulled out some clothes from my suitcase. I found the key card for the hotel room and left as quietly as I could. The soft carpet in the hallway absorbed any sound as I walked towards the elevator. Going down the elevator I listened to the music that I already knew intimately although it had only been twelve hours. I went on to Macquarie Street and continued towards Sydney Harbor.

Two days earlier I had gotten on a plane from Copenhagen to London that would eventually take me all the way to Sydney. I had felt a little stomach ache while walking around the airport of Copenhagen, nothing much to worry about, I thought. I felt really happy, on my way to Sydney to celebrate a big event. I was also on my way to a new life, carrying two little babies inside of me. They were so small, that they would probably not appear on a scan, but I felt confident they were little girls.

The plane out of Copenhagen was delayed. And during the flight to London the pain had increased. In Heathrow Airport I went to the toilet and I panicked. I was bleeding. Not only had I missed my connecting flight, I desperately needed to find a different plane that would take me to Sydney. As the bleeding grew stronger, the British Airways staff took care of the first problem. I eventually found myself on plane that would take me as far as Jeddah. The pain and the bleeding I had to deal with myself.

Boarding the plane in London I got an aisle seat in economy class not too far from the toilets. Preparing myself for the many hours on the plane I leaned back in the seat. Once airborne, again I felt increasing abdominal pain and it got worse as the hours went by. I was so scared of losing the babies that I just sat motionless, completely paralyzed as if the stillness of my body would ensure that nothing harmed the babies.

After a few hours, in the dim light, I finally got up to go to the bathroom. I knew there was a pool of blood on my seat as I stood up. A miscarriage was happening on that flight and two beings I had already started to love would not be born. I was the only one on board who knew that my little girls were terminated during those hours.

It was not my first pregnancy attempt. On the contrary, it was one of many. I had struggled with childlessness for almost a decade. I tried many different approaches and different doctors. And as a plan B, if children were not possible, then I intended to have some kind of success. I worked at a pace of a crazy person, drank too much coffee in the morning and red wine in the evening – and truck loads of working hours in between. It wasn't healthy and it didn't feel good. But I somehow convinced myself that I had found a cure and a way out if the plan A for babies failed.

Between Sydney and London there was a pit stop. Jeddah Airport was full of life as I arrived early in the morning. I saw women scurrying away in their black niqabs always escorted by any number of little children. Standing there in the big hallway of the airport that resembled a big circus tent I was at the end of my rope. I knew I needed to go and find my connecting flight as fast as I could. But I stood there and made a call. As soon as my husband answered the phone I started crying. All I could say was, "I think I have just lost our babies".

When I finally arrived in Sydney my husband picked me up. My pants were covered in blood. My babies did not make it. And my luggage did not make it either. We went to the hotel. First I took a shower. Then we went shopping for new clothes. I went to bed without any dinner that night.

At 4:30am there was no sign of life in Macquarie street, nor anywhere else. I went towards the harbor and I passed by the McDonalds to get a cup of coffee. There were people in there, it felt nice that life was still happening. I went on to Circular Quay, right next to the Opera House and I just sat there with my coffee.

I was facing the moon as it was going to rest above the Cruise Line Terminal. The moon was completely full, as full as I felt empty. I was numbed by sorrow yet finally I felt some kind of peace within. No more illusions, no more attempts. Behind me I could feel the sun rising above the Bennelong Point shining its light on the beautiful shells of the Opera House. There was no going back. A new beginning was dawning on me.

It is so painful to admit how difficult things were. My thoughts would wake me up at night, sometimes they would not even allow me to go to sleep. *Why was this even happening to me? What had gone wrong? Why me? I would have made a great mother, wouldn't I?*

I felt accompanied by an overwhelming anxiety day and night. It was difficult to sleep. If I did manage to fall asleep, I would wake up in a panic in the middle of the night. I had chest pains and difficulty breathing and swallowing. I felt like God was cutting me loose from the planet and I would step into a big empty space not knowing if I would ever again feel solid ground beneath me.

I was told to get out of my head and my thinking, into my physical being, my body, feeling myself. A friend my mine recommended that I try a body therapy called Conscious Touch. *From touch to transformation.*

The therapy I received with Conscious Touch was a warm and welcoming space for my soul. Soft, curious hands, firm at times, created a completely perfect, magical space full of trustworthiness. It resembled the touch of a lover who genuinely wants to get to know the body and the secrets of the beloved – just without the sexual agenda. Perhaps more like a soul who really want to get to know a fellow soul, or a heart that truly want to connect with another heart.

Within that allowing space of curiosity I could finally open up to myself. I could meet myself, feel and acknowledge the ugly as well as the beautiful parts of me. Lying on the massage table during my treatments I met myself again and again. I met an angel or a devastated child. I met wisdom, innocence, or a teenager full of spite. I met all of them, the ones I had been, the ones I wanted to be, and the ones I was.

I had many Conscious Touch treatments. and each and every one of them contained surprising information for me, which pointed to the thoughts and the feelings that were present in my body. Getting to know and welcoming so many of them all was very liberating.

In particular, I met my fear. I realized was in the process of leaving the flock. I needed to come to terms with the fact that I would never be able to compare myself to or compete with people I would normally. I would never join the group of the moms, the dads, the parents. I had to build a different platform for my life, leaving behind the illusions of what might be. And I did not have a clue as to how to to that.

Who was I supposed to be, not being like everyone else? Not having children was so challenging for my identity. *So what's life going to be like for me?*

I met my anger. It was monumental and diffuse at the same time, not pointing in any particular direction. And most of all – it was prohibited. And shameful.

I was so angry with my first husband. A beautiful, African-American, whom I loved from the bottom of my heart. Once I started my fertility treatments he did not support me fully, because he was so afraid that he, in doing so, would throw his own little girl from a previous relationship under the bus. The marriage did not last.

I was angry at my body. I felt betrayed and let down. I had gotten sick but it had not revealed itself, during the countless investigations I had undergone. I was angry at the doctors who at first were not paying enough attention to my preoccupation for not getting pregnant and who later blamed me for seeking help too late. I was angry that they had investigated me based on a certain medical default not considering my personal history and knowledge about myself in the treatment.

So I would just lie there on the massage table, like an unanimated doll. A Snow White that had been wronged, not by her stepmother, but by her biological mother. The perpetual criticism, rejection, condemnation of every feeling, thought observation or statement I made – I felt she was poison ivy still penetrating my every move and action into my adult years.

I recognized the anger from my early teens I was never allowed to express. Instead I started overdosing with aspirin and developed eating disorders. A prominent thought I had during those years was never to have any children. I was not convinced that I would be able to become a caring and loving mother after having experienced the emotional chaos of my own childhood. Little did I know that with those exact thoughts

I had put a curse on myself, which could not be undone and would seal my fate in this life.

All my frustrations and anger over a lifetime had turned inward, which I had managed to keep a lid on all this time. Maybe it was time to let it go?

———

When you are in complete darkness the tiniest ray of light will get your attention and consciousness. Slowly I began to actually feel, accept and transcend those violent feelings of fear, anger and loneliness during treatments. I also got the feelings that I could become a warmer, fuller person.

I discovered that I was a whole, functional, completely legitimate person, who just happened not to have children. I felt actually lovable and worthy, like I, too, deserve the attention of the Universe. The only assistance to reach that place came from a pair of loving hands, with the pure and powerful intention that I connect with my inner light, love and sense of greatness.

I do believe that the treatments of the Conscious Touch saved my life. They could not take away my pain but the pain became less important. Every single treatment was an open invitation to join life; the gentle pulling, stretching and molding my body into a soft vessel where I could collect information from my past, present and my dreams.

I experienced my body as more than willing and capable to provide a sensual, secure shelter for my soul and together we could rise above circumstances, feelings and thoughts. Now that love was running through my veins and feeding my cells forgiveness became a compelling option. I realized that no anger is truly justified since all it can do is lock you down and prevent you from living a joyful life.

My therapist, who later became my mentor, suggested that I myself became a Conscious Touch therapist. I agreed. It made complete sense to me. I also want to help people transcend their own personal darkness, their despair and help them identify the healing powers of their own breath and their own body.

It has been the greatest gift for me to experience the connection between our emotional state, our thoughts and our body. Venturing into yourself and actually becoming aware of the vast amount of information that is available to you if you care to listen is a gift. Discovering the correlation between our physical state and emotional state is an exhilarating journey.

The circumstances I dealt with involve not being able to have children. Other people have different lives and unique circumstances. What we have in common is a physical body. Given the right information and stimuli from the outside, with that body we are able to experience total bliss and happiness, a feeling of being fully present in our physical being rather than the stressful mayhem that is often provided by our thoughts. It is possible for a touch to spark transformation.

As I finished my education as a therapist my mentor pulled me aside, and said, "You are really good at what you are doing. I love to see you working with people the way you do."

He paused for a long time, wrung his hands and then said to me, "I know it has been an ordeal for you not having children of your own. Just remember that any one of your clients, male or female, are longing for that motherly care and comfort. You have it. Use it. You have a choice to turn that loving, caring energy into your biggest asset and work with it consciously to the benefit of your clients."

That remark struck a chord in me, which has resounded over and over with several of my clients. A 50 year old man, who's mother had sent him away to a children's asylum at a very early age once said to me; "If I had had a mother anything like you, I think my life would have turned very differently."

Of course I do not see my clients as children. I see them as little pots that, consciously or unconsciously got broken along the way. I can help them mend their potsherds. By providing a Conscious Touch with sincerity, like a mother would provide that for her child, gives people hope, happiness and makes them whole. I am grateful to create a space where they are able to reconnect with their soul in surroundings that are peaceful and safe.

I am here so serve. I am here to help. And I feel very strongly that Conscious Touch provides a great and powerful pathway toward mental and physical recovery and ultimately creates channels that will either change the painful or fearful circumstances, whatever they may be, or make way for acceptance. And by default, acceptance is the gateway to transformation allowing the struggle for change to cease.

About the Author

Vivian Lee Chrom is a practitioner of Conscious Touch, a coach and spiritual mentor. Involuntary childlessness is one of Vivian's area's of personal expertise. Not only is she currently in the process of finishing a book on this matter – she also has been blogging on this subject (in Danish) for a number of years. She intends to build a community website to give insights and hope to people who are facing the same painful circumstances.

Earlier on Vivian studied law and economics as well as social sciences. She also worked in a Casino and at the airport doing security work. For many years she worked in insurance and in sales. And in her late 30'ties, she started the first online publishing house in Denmark. Through it all Vivian always felt a great desire to share, teach and inspire people. And she will keep doing so in her work and in her writings.

kontakt@vivianchrom.dk and www.vivianleechrom.dk

Personal Growth Begins Outside Your Comfort Zone

Kjenneth Holm

I woke up in my bed early one morning back in 2007. From the first floor bedroom I could see throughout the backyard. The morning sun stroked my face. I was soon heading to work in the company that I had built from the ground up. I had every reason in the world to be happy, but I didn't feel any excitement or contentment. All I felt was a choking feeling around my neck. It was like I was held hostage in my own body. What was the meaning of my life? I knew that I couldn't postpone it anymore. A change had to come.

Throughout the past few years I had been completely occupied. My girlfriend and I had spent all our free time building our house from scratch. It was an insane do-it-yourself project. While changing the roof on our house, the bedroom was the only room with a tarpaulin keeping out the rain, which meant that we had to live in very few square meters for months.

Meanwhile, the financial crisis had hit hard and I was struggling to keep my company alive. Luckily, I escaped any form of debt because I worked like a mad man in order to satisfy my creditors. When that was over I needed to slow things down. Fortunately my company was so successful that I could reduce my work week to just 15 hours. I would leave work early in the afternoon, go home and lie down on the couch looking out on my backyard. I would most often fall asleep. When I'd wake up, I would go down into the kitchen to cook for my girlfriend. At the dinner table we would talk about how our work day had been. Afterwards, we would sit on the couch and watch some TV.

The next morning we would repeat the day. Same breakfast, same dinner conversation, same TV shows. All days looked the same. All months looked the same. I felt like my whole life could fit onto one piece of paper.

For years my perception of happiness was to drive the right car and pursue the right relationship and career. That was not the case, though. I became more and more frustrated and unsatisfied with my life. I felt stressed out and depressed, but unlike other people in the same situation, I did not wish to seek medical treatment. I was convinced that I could get out of this negative circle if I started living life the way I wanted to instead of listening to what other people thought I should do.

I started to look within myself and signed up for different self-development courses. I travelled to India and Thailand to do some soul searching and to seek answers. I tried to find the essence of myself in hopes that I would find the answer fast. At that time I had no idea that this inner searching would turn out to be a never-ending journey.

For a long time I tried to find things that would make me happy, but when I was being honest with myself, I knew that I couldn't continue this way of living. I had a job, a house and a girlfriend. The next step would be kids. Everything felt so predictable. I felt like I was trapped in an evil circle which became more and more meaningless. I always knew that I wanted more than a title, a house and a family. My gut told me that there had to be more to life than just this.

I was living a mediocre life. My one-way ticket in life was going to be wasted. Nothing great would come of my efforts. My self-esteem got worse, my dreams were shattered and all the visions I had had about financial independence, creating something extraordinary, giving back to people and exploring the entire world seemed unreal. I had to change my path.

The morning when I felt the choking around my neck was the morning I knew I had to make some difficult choices.

- I had to let go of everything, leave my girlfriend and our house, and follow a new path created by my truth. I promised myself that I would never lie to myself again.

- I didn't want to waste more of my time in front of the TV, watching all the successful people out there without getting closer to my goals myself. No longer would I be an observer, but a player on the battlefield of life. I had to step out of my comfort zone and move into the unknown because it was there that life was created.

- I had to remove myself from the business that depended on me to the extent that my independence was limited.

It felt completely insane to throw away everything that I had spent so much time building, but it was necessary. It was the hardest, yet best, decision I have ever made. It wasn't easy for me to let go of the secure life I had created for myself. Ever since I was a child, I had dreamt of this security.

Growing up, we had no money. Whenever my mom and I would take the bus, she always had to dig out the last couple of coins to pay for our tickets. Typically, when I was done with school, I had to pick her up at the local pub on Søborg Hovedgade. Every time I went there, I had to take a deep breath before entering the smoky pub with the burgundy walls that shaped the frame around the pub's bar where all the intoxicated guests hung out.

The cigarette smoke felt heavy in the air when I made my way through the pub, trying to get to my mom. She always needed one extra beer before we could leave. One often turned to more. I started to imagine how it would be to build my own empire where no one could enter; a place where I was in charge.

Other days I would lie underneath the pool table and listen to their incoherent conversations, while dreaming of how my life would be when I grew up. I dreamed of a greater and more colorful life where I could travel, make money and just do more. Become someone. I have no idea where this inspiration came from because I had no successful people around me. The only people in my life were either alcoholic or on welfare.

It felt like there was a long way to go before my dreams would come true. I wasn't the best student. I changed schools more than ten times because we moved around a lot. That made it difficult to keep focus and to be honest, I didn't make an effort because I had given up on school. It wasn't until later in life I realized how much I had wasted my time and my opportunities.

After graduating primary school, I was completely fed up with school. I had good skill with my hands, though, so before I knew it, I started working in a garage. For the first time ever I felt like there was something I was interested in and actually was good at. But it didn't take me long to realize that I wasn't going to continue with that. I just couldn't see myself working a low-paying job in coveralls for the rest of my life. It wasn't my dream. Therefore, in my early twenties I decided to try out entrepreneurship, and I haven't looked back since.

In 2004 I established a company, selling construction materials and plumbing tools online. At first it was a complete nightmare because I had no idea what I was doing or how to run a business or deal with employees. I had to learn from myself and from the mistakes I made. After many struggling years, that definitely made me stronger as an entrepreneur, it all turned out well. My business became a success and financially things became a lot easier. I sold it to a Swedish company ten years after.

Personally, on the other hand, I was so sick of my work. I didn't want to continue working in retail. I wanted to help other people develop the way I had grown myself. I have always had an interest in helping people. I have an ability to see how much people can obtain and to help guide them in the right direction to pursue their own dreams. I think it stems from when I was young, growing up in a miserable environment where I received superficial affection from the people around me when they were drunk, and coldhearted when they were sober. I could see the sparkle in their eyes disappear and their dreams shatter. I remember wondering why these people didn't pursue their dreams, why they didn't dream at all, and why they just settled with the life that they were unhappy with.

Today my career is based on helping people to live out their potential. I created the business concept, LitUpp Global, which supports regular people in their own personal development. The name LitUpp symbolizes a light that ignites from within everyone.

We have gathered some of the best speakers in the world and created some amazing self-development programs, sold directly from our website. We are using some of the best techniques within personal growth in our system which are available to people through a global ambassador program that allows people to share their development and experiences with whomever they want.

The funny thing is that I have always had a dream that I wanted to create a concept that would reach the regular person all over the world. Following my heart has led me in the right direction. Every time I have experienced a life crisis I've had to make some tough decisions that have brought me closer to my goal. I experienced that when I said goodbye to my house in the suburbs, my mediocre life and started all over. That move took me to an apartment in the middle of Copenhagen where I met some people who turned out to be the ones that were going to help me move closer to my dream.

Time has shown me that life is one long growth experience. I believe that we ourselves choose how we want to live. It isn't something that just happens. We choose our own story. I could blame my past for everything I was missing in my childhood but that would get me nowhere. So instead, I choose to focus on the drive I have had from an early age, being my own caretaker. Due to my childhood, I have chosen to never receive any social welfare. I saw how the social services restricted my mother's family from making their own decisions and creating their own life. Rather than get their acts together and find a solution, they simply leaned back and expected more from the State and blamed everyone else for their misery.

I believe that if you want something, you need to create it yourself. I have used that drive to build the amazing life I have today.

I often see that material objects bring happiness to some people. I don't believe that money is the solution in our everlasting search for happiness, however. The passion for what we do and the people around us make up for the money we need. The road to money will become incredible if we love what we do along the way. A penniless artist can be the wealthiest person on earth while the richest person in the world can build his entire fortune on a false idea about life and be the unhappiest person on earth.

For years it was important for me to show people around me my success. It was a big deal to me to show them what I had accomplished, what I was capable of and how far I had come. This is no longer important to me – I have gained that respect. Now I'm focused on being the best version of myself and being kind to other people.

I wish I would've listened to myself earlier and dared to take the step further, because today I have found happiness, love and the purpose with my life. And now I can help others. Working as a mentor and speaker, I have helped numerous people to take that next step towards their dreams and goals. I often notice that people are scared to leave their comfort zone; that place where they can feel safe and secure. It's essential to feel safe, however, the only real security is the ability to deal with the challenges of life because nothing is ever motionless or safe.

The moment we dare to expand our comfort zone we will experience several opportunities that will take us in the direction of our dreams. We will start living a more authentic life with a fine balance between what we want to have in our lives and what we do with our lives. It often occurs to me how people contain great resources and unexpectedly amounts of love for life if only we dare to follow our hearts.

To sum up, what I have learned to be truly important:

- To be with people who raise me up. When we see ourselves in other people whom we look up to we are automatically drawn in the same direction.

- To ask for help. Those people who have gained great success in life are more than willing to share their experiences.

- To live out your dreams. You will not regret doing things. You will only regret not doing anything.

- To be good to others. It will bring you closer to people who will move mountains for you.

About the Author

Kjenneth Holm has moved up in the world, starting out as a mechanic, moving on to entrepreneurship. He has had great success with more than ten establishments within different businesses; solar power, e-commerce, motorcycle production and the entertainment industry with Klub Jet, flying famous people around the world.

He established the company Byghjeme.dk in 2004 that changed the entire approach to sales of construction products within that industry. Today he works with helping people develop their true potential. For the past few years he has arranged more than 150 lectures on entrepreneurship and mindsets, appeared on TV and has established the concept LitUpp Global that offers online personal development platforms from the best speakers in the world, delivered in a global network through social media.

Kjenneth has received a lot of training within coaching, and has a great passion for personal transformation through self-development.

Contact him at:

mail@kjennethholm.com and www.kjennethholm.com

'Til Death Do Us Part

Susanne Thunøe

Present Day – Sunday

It's early Sunday morning. I have just opened my eyes. I am tired, my body is sore and I have been crying all night. I make myself a cup of coffee. Everything is as usual but then, something is not. Just last evening I said goodbye to my beloved father at Herlev Hospital.

There is complete quiet in the house—my sons are still sleeping. A sense of sadness washes over me when the picture of my father's final hours emerges.

Suddenly my phone rings and I dive into my bag to find it, although I do not really want to answer it. "No—it cannot be true—how much time does she have? But... I have not even taken a shower ..."

Half an hour later I am sitting in the car with my three boys on the way to my mother's nursing home in Lyngby. Again complete silence. None of us are really awake, and none of us have fully understood that once again we have to say goodbye when less than twelve hours ago my dad passed away.

4 Days Ago - Wednesday

Thinking back on Wednesday morning, I sense that the history of his disease is still lodged in my body; when I got the call from my sister,

"Dad has been hospitalized with pulmonary edema. The doctor says that he hasn't got long left to live. You have to come immediately." It feels like an eternity ago. Yet it has only been four days. The day stands clear in my mind and I remember praying that I would arrive in time, with the hospital being 50 minutes away.

When I arrive at Herlev Hospital there are no parking spaces. I feel panic spreading. *It cannot be true that I won't get there in time due to the lack of parking spaces!* My heart beats fast and hard in my chest. Finally I find a parking space. I run as fast as I can, it feels as if nothing else matters, as if time is standing still.

When I arrive at his ward I pause outside his door. I prepared myself for what might greet me when I open the door. Mixed emotions of relief and tenderness fill all of my body when I see my father lying in bed. My siblings are holding his hand. I made it in time.

Our eyes meet, there is no need for words. Lying in the bed with an oxygen mask my father looks nothing like himself. I lean in and kiss him on the forehead. The tears are welling up and are hard to hold back as now it feels like our roles are switched. There in bed lays a tiny and shrunken man just a shadow of the father I have known all my life.

During the very intense days which followed, we took shifts, spending all our time with my father in his new private room. We all agreed that he should not be alone at any time. His hospital room was filled with life and love from his children, grandchildren and his great-grandson. Although my father could not communicate, I sensed that he enjoyed having everybody around him. He always enjoyed the company of people.

As the days go by, he becomes more and more weak and I have mixed emotions. A voice tells me that he should be allowed to have his peace. Another voice whispers in my ear that I am about to lose my beloved father, my father, who has done his best and cared for me all my life.

Three days ago - Friday

By Friday morning, my siblings and I agree that it might be time for my mother to come and say goodbye to our father. She is sitting in a nursing home and cannot understand where he is. She has dementia and has slipped into another world. My sister organizes her transport to the

'Til Death Do Us Part Susanne Thunøe

hospital which was not an entirely easy task given her needing a wheelchair.

The taxi driver escorted my mother all the way up to the room. I will never forget seeing her sitting in her wheelchair, looking so beautiful. The nursing staff put her hair up and put some make-up on her. She was dressed in her finest clothes and they put her jewelry on. They did all that, for her to appear as beautiful as possible for the last meeting with her companion of 69 years. It was a very touching moment.

My father lifted an eyebrow when he heard her voice. My mother was sitting quietly and looked at him. A blend of sadness and deep love for both of them filled my heart. Who knows which thoughts and emotions are running through my mother in those very minutes?

I asked her a question, which turns out to have a big impact. "Mom, would you like you to have peace as well?" Over the many years since her dementia worsened I hadn't experienced the seriousness and presence she had as she turned her head to glance at me. Her answer was loud and clear: "YES."

This was not at all a surprise to me. The idea of her sitting alone with dementia in a nursing home was unbearable. I had, therefore, no doubt about my next words: "It's alright, but you have to hurry if you wish to go with Dad." Just there, I set her free. As the driver picked her up and wheeled her down the hospital corridor, I got a strange feeling that this would be the last time that I would see her.

Two Days ago - Saturday

It is Saturday and my father's breathing changed and became heavier. He was incredibly strong. It seems like he enjoyed that we were all gathered around him. He had a hard time letting go so I try to help him on his way. "Dad, Mother has been here and she has said her goodbyes. The two of you have had a long and wonderful life together. I love you. You've been a good father. I know that you have done the best you could. You can let go when you feel you are ready to." My siblings also gave him loving and peaceful words to take along.

One by one, my brother and his family said their goodbyes to my father before heading home. My sister and I stayed and held his hands. So many thoughts were running through my head. Memories of lovely summer holidays, magical Christmases, quiet Sundays with a fire in the fireplace and nice loving moments with family. Thoughts that I wish I had visited him more often, that I had told him more that I love him and how he helped me become the person I am today. These thoughts troubled me then suddenly, I became overwhelmed by a huge feeling of gratitude.

I whispered some loving words into his ear while stroking his hair. It seemed as if time stopped. I made eye contact with my sister. Dad's breathing stopped and he let go of life. No drama. Only silence. It seemed like the most natural and peaceful thing in the world.

My sister and I hugged. Words were unnecessary. I was completely crushed when I arrived at home late that night, emotionally full of both sorrow and peace. Then a phone call broke the silence. My good friend, who is a Psychic, said, "So, he has departed…He's fine, but he's not where his need to be yet. It's like he's waiting for something." It was so nice for me to know that dad was okay. With those words from my friend I went to sleep.

Present Day - Sunday

On this beautiful Sunday morning, on my way to the nursing home, everything seems so surreal. I think back on the last intense days with my father. I have a strange feeling of emptiness inside, as if I'm not really present. The boys haven't had time to digest the announcement that their grandfather has passed away. And now we are back on the road again. Again, I am running against the clock. I keep saying to myself, "I just have to make it in time".

She is lying in bed, silent and off in her own world. The last time I saw her, she was sitting in a wheelchair saying farewell to my father. Again, I am filled with a sense of tenderness and love. Unlike my father who, at the end of his life had changed his appearance, my mother looks exactly like herself. I grab a chair and sit beside her bed, holding her hand and kissing her on the forehead.

All of the family members are together again. Cousins are enjoying each other's company. We buy some food, and the apartment is filled with laughter, chatter and life. Just the way my mother loves it. But she is distant. It seems as if she concentrates on keeping the sound out. We take turns to go one by one into her bedroom.

The doctor arrives and prescribes some sedatives. I have prepared myself for some waiting and for some intense hours ahead. Hours in which all the focus should be on my mother so she can, just as my father, pass away with all her loved ones around her and with peace of mind.

There are photo albums with pictures from our childhood and also from my parents' childhood and when they were young on the bookcase which the grandkids like to sit and look at. Good memories of pleasant moments with my parents fill the room. On the coffee table lies my father's memoir, which he wrote some years ago. We are amused as we read fragments from the book by the funny way he describes his life.

As darkness falls, one by one the family says goodbye to my mother. Just like the night before with my father. My sister stays a couple of hours longer before she leaves as well. I have been given a spare bed, so I can stay with my mother.

There is barely a sound in the room. Only the sound of my mother's heavy breathing breaks the silence. I am sitting by her bed holding her hand. She looks peaceful. Memories of a lovely childhood appear. I share a selection of some of the best stories I can remember with her.

The phone rings and once again it's my friend, the psychic. She wants to know if I'm OK. She says, "Your father and grandmother are standing at the end of your mother's bed, waiting for her. Everything is as it is supposed to be, they will welcome her". My mother and grandmother have always had a very loving relationship with each other. I get a warm feeling inside on behalf of my mother. I lay down to get some sleep. It feels nice and secure to lie here beside her.

Monday

Early on Monday morning I call the undertaker. Due to my father's death there are a lot of practical things to be arranged. While talking to the undertaker, I hear my mother becoming restless and groaning. I call for the nurse who gives her some sedatives and says that my mother hasn't got much time left. I feel a lump in my throat and start to cry. I wish I could make the time stand still. Everything is happening much too fast. I sit in bed holding her. I whisper loving words into her ear and tell her what a wonderful mother she has been.

As her breathing becomes more and more heavy, I suddenly remember what my friend told me, before I went to sleep yesterday. It feels very natural for me to say: "Mother, father and grandmother are waiting for you here by your bedside. They will be welcoming you and they are looking forward to your arrival. Everything is as it is supposed to be. When you are ready for it you can let go. I love you with all my heart". With these words, my mother breathes her last breath.

Once again the family is gathered to say goodbye, now to my mother. We spend some lovely hours together. She is lying there, beautiful in her favorite clothes, which the nursing staff has picked out for her. A small bouquet of flowers from my brother's garden lies on her chest. Again I call the undertaker to tell him that we now need to have a double funeral.

On a sunny day in May, my parents are buried together, 64 years after they said "I do", in Vordingborg Church, promising to love and honor each other; for better and for worse, in sickness and in health, until death did them part. My mother made the decision, to follow my father into the afterlife, on the day she visited him in the hospital. I have no doubt. This *is* a true love story.

The church was decorated with my parents' favorite flowers and the priest gave a fantastic eulogy. In honor of my mother, who has played the piano all her life, a beautiful piece of music was played on the grand piano. Everything was so beautiful. However, when both hearses drove away at the same time, I broke down crying. To say goodbye to both my parents at the same time was overwhelming. My beloved sons are crying, too. We are all hugging each other until there are no more tears left.

Not all people get to say goodbye to their loved ones. I feel so blessed that I got the opportunity to say goodbye to my parents in a beautiful and peaceful way. Over the last few years I have feared the day when they would leave this world. I disliked the idea of them dying alone in a nursing home.

For many people in our society "death" is not something we talk about. I am therefore grateful that my boys' first encounter with death was beautiful and natural. They learned how death is an unavoidable part of life and how death and life are linked together and that dying *can* be beautiful. My parents were 86 and 89 years old when they died. They lived a long and good life filled with both the joys and sorrows of life.

The whole family was gathered to send them off on their last journey. The knowledge of my parents being in a safe and loving environment as they left this world and went on to the next stage of life, whatever that might be, is a nice feeling to have. They will live in my heart forever.

The experience of death was a reminder that one day we all have to leave this world, those around us and our loved ones, and therefore, we must remember to enjoy every day. Knowing that, there are tasks that cannot be postponed and people we cannot keep pushing aside. Ever since I lost my parents my priorities have changed. Small things that previously could fill my mind have lost their meaning. I have let go of anger and old grudges.

Life is a valued gift. We can choose how we want to live. I choose a life filled with joy and I live with the faith that love and presence are what create the quality of my life. I choose to live from my heart. Will you?

About the Author

Susanne is a teacher with many years of professional experience. Her passion is to work with young people, and one of her core competencies is to create relationships based on trust and credibility.

Susanne now runs her own business Thunøe and Co. as a coach for teenagers. She offers workshops for young people who have special challenges in everyday life in terms of self-esteem issues, social anxiety disorder, psychiatric diagnoses, substance abuse, anger and upbringing related problems.

Susanne also offers individual coaching, workshops for mentors and make presentations about young people's wellbeing, challenges and motivation.

www.thunoeogco.dk

Dare to Listen to Your Gut Feeling

Anette Flamand

It's almost half past ten in the evening. It's just a matter of seconds before they come home. When I hear footsteps on the stairs I run out of the kitchen with the cleaning rags, hurry into bed and pull the covers up to my chin so they can't see I still have my clothes on.

Then I wait.

I hear the key in the lock, pretend I'm asleep when my mother quietly opens and closes my bedroom door, and revel in satisfaction when I hear my stepfather's reaction to how well I've cleaned the flat.

Finally, some approval.

Approval from my stepfather is a rare thing, so I'm willing to work for it, to show myself worthy of it – and thereby, for a moment, get rid of the knot in the stomach I always have when I'm with him.

My stepfather never supports me in anything. If I enthusiastically tell him about an idea, I always get the same reaction. "Empty proclamations," he says, and that seems to be the end of the matter. I am not permitted to come up with ideas or talk about dreams. So in my childhood home, there are no dreams.

But there are many rules. One of the rules is that as a 14-year-old, I am allowed ten evenings out of the house per month. If I have used up the ten evenings and am invited to something, I have to say no, and I cannot be with my friends again until the new month has begun. I never sit in the living room when my stepfather is home, so I spend many evenings alone and feeling sad in my room. I learned what it feels like not to be seen, heard or understood, and what loneliness is.

My classmates don't like visiting me at home. They are afraid of doing something wrong, and feel they are being watched. It makes them feel uncomfortable. It's nicest when my stepfather isn't home, because even if he stays in the living room and never talks to my friends when they occasionally come round, his shadow keeps falling across our companionship.

My stepfather talks *to* me, not with me. And he spreads a creepy, gloomy atmosphere at home. There is never any joy or laughter when he is there. So I developed a sensitive antenna and I became really good at sensing an atmosphere to always know what I can allow myself to do and how much I can allow myself to say.

My mother does not have the energy for a confrontation with him, but she often tells me that I can do anything I put my mind to. So, in spite of my non-existent self-esteem, I nonetheless develop great self-confidence, a self-confidence that I really start to make use of in tenth grade.

By that time, I'm 15 years old and the knot in my stomach has grown pretty big – so big that I decided I must leave home. I didn't dare confront my stepfather with my decision, so I got two classmates to come home with me at lunchtime. They knocked to make sure he was not there, and when no one answered, we crept in, took my duvet, my clothes and a few belongings, and I moved out.

I moved in with my boyfriend, who was three years older than me, and whom I knew for one month. The first weeks away from home went well, but the knot in my stomach began to form again as it dawned on me that my new boyfriend was selling several kilos of hash each week. He trained me so that I knew exactly what to say if the police come calling, and many strangers came and went all the time in the flat.

It was not long before I realized that the knot in my stomach meant that I need to move again. I promised myself that from that point forward I would take the signals from my body seriously.

After living in various different places, I finally got a room in a group home with friends. I finished tenth grade but didn't want to continue school, though I had no idea what I wanted to do with my life. I had learned not to dream, I had no idea what I was good at or what I liked.

But with a need for money to survive, I said yes to any job I could find. I slowly began to learn what I was good at and what I loved doing.

To me it was neither challenging nor fun to work as a cleaner or to stick price labels on handbags and purses in Neye. I quickly learned that doing what I loved was more important than money. I found it much more interesting to work at a hot dog stand on in the center of Copenhagen. Though I hated driving the stand from the garage to the square, I liked how the customers consulted me like an amateur psychologist. In order to learn about myself and my lack of self-esteem, I started to read everything I could get hold of dealing with psychology and human development. So it became even more interesting to hear about the customers' lives.

For a short while I worked for an accountant who was disorganized, sloppy, and made mistakes all the time, which meant that I had to redo work over and over. When clients came who couldn't get hold of their records I felt embarrassed and insecure, with that familiar knot in my stomach. I promised myself that no matter what I do in life, I will always do my best, and I started looking for another job.

I got my next job through a fellow student in Spanish class. His sister was looking for help in her shop, but in my eagerness to say yes, I forget to ask what kind of shop it was. So it was a bit of a shock when I arrived at the address in Istedgade and found that I would be selling leather, latex clothes and various kinds of sex toys. My first reaction was to back out but his sister convinced me that it was no different than selling apples and oranges. I soon discovered that she was wrong, however, because it *was* different – it was much more fun!

I entered a new and unknown world, and once again, it was the customers and their lives that I found interesting. The politician, for example, who came with his mistress on a dog leash. The man with the backpack in the Icelandic sweater who bought women's latex clothing or red knee-length patent leather boots on the first day of each month, who asked my opinion on whether they suited him. Once again, the customers invited me into their innermost thoughts and dreams.

During this period I was visiting a group home in Jutland on weekends. It is quite far from Copenhagen and expensive to get get there. I found out that a lorry company ran a regular route between the two cities and that the drivers liked to have company. Over the next year I got to know many drivers who introduced me to other drivers of international routes. This allowed me to take trips to various cities in Europe. I loved the lorry-driving life. Sitting high above the travelers gave me a feeling of peace as we drove slowly through Europe, accompanied by the rhythmic throb of the engine. There was plenty of time for talk, and again I found myself being consulted like an amateur psychologist. I learned a lot about people and about the man's world that I had entered. I also become so fascinated by the different cultures and ways of life that I decided to become a lorry driver, too. In that way, I could see the world and earn some money at the same time.

So I took an eight-week drivers' training course at the Land Transport School in a class with eleven men. One of the men, who always wore a Harley-Davidson cap, could not stand the sight of me. He always made me feel unsure of myself, and every morning he would say, condescendingly, "Why are you here again today?"

The night before we visited the road safety centre, I didn't sleep a wink. I couldn't stop thinking of all the stories going around about just how wrong things can go. And on the day itself, when we were to drive a lorry up a slope covered with ice, Mr Harley Hat closed my cab door with the words 'See you in the ditch'. But it didn't go like that. I made a perfect run up the hill and everyone applauded, while Harley Hat skidded and ended up running off the track.

I learned two very important things that day. First of all, I'm not psychic and don't need to spend my time (my nights) in gloomy premonitions of disaster, because I can't do anything about it. And secondly, karma is a bitch, so always treat others as you wish to be treated yourself.

After eight weeks I could call myself a trained lorry driver, and I began to go on runs around Europe. But I soon discovered that it was a lonely job. I felt tired and listless, and one day on the German autobahn it dawned on me that I got all of my energy from being with other people.

I still had the same dream to see the world, so the following year I decide to become a tour guide. I applied to enter the Spies Guide School in Mallorca. I was looking forward to it, but when I told people, their reactions were not always positive. Some of them scornfully told me that it was a bad idea because out of the 200 trainees, only about 20 are recruited, so I should not count on getting any work afterwards.

Once again, other people started to make me feel insecure. I wondered, what if I'm not good enough? As one thought led to another I realized that I certainly wouldn't get a job by thinking that way, and that I would just have to try. Some of the trainees must be employed afterwards, and if I do my best, it could be me.

I didn't sleep much for the eight weeks of the course. I did my best, I was diligent and always ready. I practiced conducting excursions and holding presentations by standing in front of the mirror with a hairbrush in my hand as a microphone, while I trained myself in the very important art of pointing to the left while saying: "Look to the right". I learned the emergency and flight rules by heart, and I practiced cabaret. Performing in public is not something I had imagined I would be doing, but I quickly realized that if I am to be 'discovered', I needed to be visible – both theoretically and socially.

My hard work payed off. I was declared the school's best student, and as I accepted a bouquet of flowers from the principal, I sent a kind thought to the accountant who unknowingly taught me that I should always do my best, no matter what I do.

For the next two years I worked as a tour guide in London and as a flight attendant. They were two fantastic years. I lived out my passion for travel and once again learned a lot about people and about how I could best help them. I also discovered that I am good at teaching and at bringing dry theoretical material to life.

Back in Denmark, I took stock of the important things I learned through my various jobs, and the recognition I had received, but my sense of self-esteem was still very low. The knot in my stomach kept coming back. I was still afraid of not being good enough and I wasted a lot of energy worrying about what other people thought. When I got pregnant I decided that I had to work on my self-esteem to pass it on to my child, so I made an appointment with a psychologist.

Working on myself was the toughest, but also the most rewarding education I ever received. I spent a year visiting the psychologist, and I read many books on psychology. Gradually my self-esteem improved and I began to accept myself as I was, no matter what other people thought.

I succeeded for a while working as an accounting assistant, listening to and helping people like I did best. After a number of years, however, I developed back problems, and for six months I could only stand up or lie down. I was forced to admit that I could not tolerate sedentary work. My clients and friends suggested that I should teach, so I applied for work as a substitute teacher. I discovered that I love to teach and am really good at helping children to develop. I went on to complete four years of training and certification as school teacher.

Eventually my back was feeling better but when the medical professionals told me that I needed to train my back for the rest of my life I made another decision. If there is something I *had* to do, I might as well make it part of my work. So I took training courses in exercise, and began teaching children, women and pensioners.

While working as a teacher, I found there were people of all ages and professions asking for my help to feel better mentally, to become a better version of themselves and to reach their goals. I did my best, but after a while I referred some of them to my former psychologist because I didn't feel qualified to help them. After just one conversation with these clients, the psychologist responded by telling me that I was capable and that I had done just what needed to be done. She suggested that in the future I should try concluding the process myself.

People often ask what I do, but I was not unable to answer until the day I read a book about coaching. It dawned on me that I should become a coach. Once again, I found some people thought it was a bad idea, but, for once, I had no doubt at all. After eleven years as a teacher, I resigned from my job, became certified as a coach and started my own company.

I don't have any particular niche, as the coach training otherwise advises. I also coach friends and the children of friends, although this is not recommended. I do what I've always done and what life has taught me: I follow my gut feeling, do my best and make use of the broad expertise and human insight I have acquired through my lifelong education. I challenge myself by continually striving to improve my skills. Thus I'm constantly developing myself and I can transfer my new skills to others. And as for my stomach—it feels fantastic!

What I've learned

- Listen to your gut feeling and notice what makes you happy. You don't get happy following other's dreams.

- Don't be afraid of taking detours in the search to find your true path in life. You only risk to be wiser.

About the Author

Anette is the owner of Anette Flamand ApS and since 2007 she has helped private clients, companies and communities with coaching, therapy, courses, seminars and public speaking. Her passion is to help people get where they want to be in life. Her starting point is, that if we dare listen to ourselves, following our gut feeling and being authentic, we will develop strength and happiness.

Anette has a unique approach to the people she works with. Her broad academic knowledge means that she can choose exactly which methods will provide the greatest benefits in a specific situation, and always with authenticity, empathy and respect for the individual.

Anette is passionate about being in development and improving herself. She is certified in coaching, psychology, cognitive therapy, mindfulness and she is a Passion Test facilitator and Goal Mapping practitioner. In addition, she has studied a great deal in change management and communication, is a qualified schoolteacher, has an accounting education and several training courses in various physical exercise modalities.

www.AnetteFlamand.dk

Stand Up for Yourself

Ole Wessung

He smashed into me at almost 70 miles per hour. With no idea of what had happened, my brain reeled as I suddenly found myself lying in the middle of a traffic light intersection, my leg was broken in 9 different places. With bewilderment taking hold of my mind (and pain overwhelming my body), I looked around for the motorcycle I had been driving. It was nowhere to be seen.

Later, of course, I pieced together what had occurred. When my light turned green, I roared forward on my motorcycle – lifting up the front end so that only the back tire accelerated. Then – *smash*! The second I powered through the intersection, a car drove through a red light and struck me with all the might of a charging bull. But, as it turns out, my smart-ass decision to accelerate on my motorcycle's back tire actually saved my life. How deeply ironic is that? Otherwise, the car would have plowed into my entire body. You can only imagine how catastrophic that would have been.

At any rate, a few moments after the crash, I was lying in an ambulance which was hurriedly taking me to the hospital. As I lay there, I reflected on my life. I was 26 years old. I had just returned triumphantly from the United States, having successfully become a chiropractor. As soon as I got back to Denmark, I began working in a clinic in Holbæk, Monday through Friday. On the weekends, I partied hard with my friends – enjoying our youthfulness and living like kings. We lived together in a glorious, big house near Holte Lake. And I had the most beautiful girlfriend. There's no better way to put it: my life was amazing.

These were thoughts that crossed my mind as I lay in that speeding ambulance. Maybe, I grimly thought to myself, this bloody accident was some kind of punishment for having a life where nothing seemed to be going wrong.

At the hospital, I found myself lying in a room together with seven other patients. The average age of these patients seemed to be mid-seventy. Well, the company wasn't exactly encouraging for me – but fortunately, my bed was next to the windows so I could peek outside. And every Friday and Saturday, my friends visited me – and brought me a beer – before going off to party.

So there I was, indefinitely stuck in a hospital, when only days before I was having fun and busy taking care of patients as a chiropractor. Just before my accident, I bought brand new hockey equipment. I had resolved to get back in great hockey-shape and train my ass off so I could compete in the elite series again. But it was already September – and the hockey season had no intention of waiting for my recovery!

I decided to take action. Only three days after the accident, I asked the doctor if the cast would soon be taken off my leg. Never will I forget the answer he gave me: "You will never get to walk on your feet without crutches, and I don't believe we will be able to save your leg." In that moment I saw myself going through life in a wheelchair – with only one leg. Everything in me wanted to scream that it could not be true – this couldn't be my destiny!

For three months, the doctor and I argued constantly. He continued to claim that I would never walk without crutches, and I claimed that I would become stronger than ever if he would just operate on my leg. It was frustrating that I had to stay in bed while he could just come and go as he liked. One day, I felt so frustrated and powerless that I took my urine flask and threw it at him as he left the room. His white uniform turned yellow, but he didn't seem to care and he just continued out of the room.

The day after, a Polish doctor came into my room, telling me that he would be operating on my leg. The Polish doctor was young, had a long, gross ponytail, and a head filled with pimples. I wondered if it was the other doctor's punishment to let a newly educated doctor operate – and I desperately asked the young doctor not to cut off my leg. But the young doctor proved to be good at his job, and when I woke up from my anesthesia in the recovery room, my leg was in one piece. Everything seemed to point to the inevitable conclusion that I would walk again.

One year after my surgery I ran my first half marathon in 1 hour and 45 minutes. A while after I finished the race, another man finished whom I immediately recognized! It was none other than the doctor who had claimed that I would never walk again. At first, he didn't recognize me – but when I pointed at my leg filled with scars from the surgery, he remembered me. I patted him on the shoulder and said: "It is amazing what can happen when you just believe! In what time did you finish the race, Dr. Jørgensen?" He stared at me in wonder, open-mouthed.

The accident made me realize just how fragile we humans are, but it also made me understand how important it is that we live the lives we have while we still have them. My grandfather always said: "If you are sitting in shit up to your neck, then do not bow your head because you will also get shit in your mouth."

While I was in the hospital I often thought about what my grandfather said. Perhaps others would have believed the doctor's judgment, but I fought my way back to life through intensive rehabilitation and got stronger than ever – just as I had sworn to the doctor I would. I got back and played hockey in the elite series until I was 42 years old, and I have completed 7 Iron Man competitions and 10 marathons. My plan is to complete 1 Iron Man every year for the rest of my life.

It was neither the first nor the last time I broke a bone in my body. With very few exceptions, I have broken a bone every year throughout my life. It was certainly not something I wished for – it just happened. Recently, for example, I broke my hip during an Iron Man in Mallorca. For a very short moment, I wasn't paying attention and did not see a hole in the road. Suddenly, I fell into the hole. While I lay on the ground waiting for the ambulance, I cursed the situation. I thought about how long it would take to rehabilitate – and my mind could only imagine the pain I had to go through to get back in the saddle again. However, a few minutes later, I changed focus and thought about the race and how well I did before the crash and thought that it would be no problem to qualify for the Iron Man in Hawaii.

Perhaps I could use the compensation from the insurance company to buy a better and faster bike. Suffice it to say that all the nurses were delighted to have a patient who tried to see the best in the situation. I have adopted this view of life from my grandfather whose wisdom still plays a big role in my life. He taught me that no matter what happens in my life, it will always be interesting to discover what good comes out of the situation. This is a perspective a lot of people could learn from. It is important that we develop throughout our lives and I believe that if nothing is happening in your life, then you're not really alive. Frankly, I find myself bored when I get together with people who speak of their lives as absolutely perfect without reflecting on where their lives are headed.

Once, for example, I was at a dinner party where I sat next to a woman who was a lawyer. She was so uptight and so tense. At the risk of being the worst person she could possibly sit next to I told her: "I am not interested in listening to what you do for a living and I am not going to tell you what I am doing for a living, either. I would like to hear what you want to do for the rest of your life – after you have finished working as a lawyer!" At first, she was surprised by my directness – but then she lit up and told me that she would open a flower shop. I then smiled at her and told her that I knew just the right place for her shop – and at this very spot today you can find a beautiful flower shop which she owns.

I always encourage people to follow their dreams. Many people mistakenly believe that the world will fall apart if they do not show up at work the next day, but that is not true. We are all important, but none of us are indispensable. When my grandfather and I wanted to get some fresh air, we always played football with the "unnecessary" at the cemetery in Copenhagen. Back then I didn't understand what he meant when he used that word, but today I understand. Simply put, we might as well have fun while we're here. When we open our eyes, we will find that the world – in all of its spinning glory – lies at our feet.

I have always been mindful to seize the opportunities that have arisen in my life. Several of my companies have been based on a random idea. That was the case with the City Bike. On the way home from a party one late night my bike was stolen for the fifth time. There were no taxis anywhere. While I thought about stealing another man's bike I realized how silly it was to go around and stealing each other's bikes at night and then I thought how great it would be if there were free bikes available to borrow. Together with my friend, Morten Sadolin, we developed a business plan for the City Bikes. Everyone loved the idea but for various reasons we had to fight for many years with Copenhagen to get the idea from thought to action.

In the following years City Bikes got a lot of attention from the international press. Tokyo Radio interviewed me, I biked around with Kylie Minogue in a TV program for BBC and I even handed Bill Clinton a City Bike. The world thought that Copenhagen was filled with City Bikes but the reality was quite different. Eventually it became so embarrassing for the City of Copenhagen that there were no City Bikes there that they decided to take the concept out on the streets.

I could have given up on the City Bikes several times during the process but I worked hard to live the dream for the simple reason that I thought the concept was good. A little resistance did not stop me. You will never become a better cyclist by only running downhill. Even when we were pressed financially and ended up going bankrupt we struggled on.

The Dalai Lama has always inspired me. He says: "If there is something that worries you that you can do something about then you don't need to worry. If there is something that worries you that you cannot do anything about then there is nothing to worry about either." That mindset is probably the reason why I do not feel so burdened by problems. My focus is on having fun. I will probably never really grow up.

I have a clapperboard on my bedside table. I use it to remind myself to live life. When I wake up in the morning I'll set the stage for my own movie. I am the instructor who chooses how my day should be and my day will always be good! I believe that if we are happy then we can make others happy too. This is called positive self-interest.

One day I received a newsletter from a coach who shared a story: "When I woke up this morning I found a gift on my bedside table. I was really curious because the present was so beautifully wrapped. I quietly opened the gift to avoid waking my wife. When I opened it I found the thing I wished for the most – a brand new day!" While I read the story to myself I got to guess that he had gotten a key to a Ferrari or a cruise vacation but no, he got a brand new day! The story was a great reminder that we are responsible for creating our own happiness.

When I started at Palmer University in the United States as a smart 21-year-old guy from Copenhagen I was surprised by the first assignment we got in philosophy. We had to spend 10 hours writing the speech we wanted our children to tell at our 50th birthday. I was quite proud of the person I ended up describing in the speech and I looked forward to letting my teacher read it. Instead of reading it he said: "Use the speech as a goal in life and when your children hopefully have made the speech, then you can start thinking about what should be written on your tombstone." I can proudly tell you that my children did recite such a speech at my 50th birthday and my tombstone will say, "He made a difference both for himself and others."

Unfortunately too many people leave the responsibility for their well being to others. A lot of my clients come my clinic pointing at the place that is hurting and ask me to help them. A chiropractor can only treat the symptoms. The cause of the problem lies in the behavior of the person who is hurting. Unfortunately I see a trend that many doctors only use one second to talk about how to change the patient's behavior. Then they hand out medicine and leave the patients thinking they have no responsibility in the matter. So they take no responsibility for their own health and they will only get more ill.

I my opinion we need to change the approach towards our own health. The solution is simple and easy to implement. The most effective thing we can do for our health is to stand up more and sit down less. If we stand up for more than five hours a day, five times a week, we will lose weight, feel more happy, get our brains to work faster and feel more lively when we get home from work. By standing up these five hours a day, five times a week we will burn more calories than running 10 marathons! This is equivalent to seven kilos or 15 pounds of weight loss.

It might sound like a lot to stand up for 25 hours a week but historically we used to stand up a lot more than that. In 1960 humans started to measure how many hours a day we sat down. Back then we were sitting two hours a day and today we are sitting between 12 and 14 hours a day. The proportion of our drug consumption has increased correspondingly during the same period. When we sit down we are pressing our organs and our blood flows less freely. It can cause high blood pressure, diabetes, obesity, colon cancer and many other diseases, which we normally associate with an unhealthy lifestyle. These diseases can prevented effectively by standing up more.

Wherever I go people are surprised at how big the effect standing up creates. But our habits are strong and we like to feel "good". Judging by our use of iPads, smartphones, computers and television it does not look like our habits are about to change any time soon. While many think it feels good to sit all day, if we do not get up, the consequences are incalculable. Humans are built to stand up and move all day and it is time to get back on track. Once we understand how much we are in control of our wellbeing there will be a revolution in the health area. The potential is infinite. Therefore it is my mission to get the Danish people to stand up more. Actually my real mission is to get the entire world to stand up more.

My grandfather's best advice

- Despite what happens in my life it will be interesting to find out what good comes out of each situation, including the 'bad' ones.
- If you are sitting in shit up to your neck, do not drop your head, because then you will also get shit in your mouth.
- Whatever your goal is make sure the way to get there is fun.
- Have faith in coincidences because you will find an explanation of what is happening.

About the Author

Ole Wessung is a chiropractor who has worked with several national and international sports clubs, both in football, handball, hockey, tennis and sailing.In addition he is co-founder, owner and director of the 360 Health, a clinic in Rungsted. In the 1980's Ole created the phenomenon of the City Bikes in Copenhagen and in 2001 he was behind the health insurance Falck Healthcare. He is a coach who lectures about ergonomics, running training and personal development. His mission is to get first Danish people to stand up more hours every day and later the rest of the world. He intends to create a paradigm shift in line with the bike helmet, the ski helmet and the quit smoking movement-- all of which have changed our health and safety fundamentally. The thought is to get all people to affect their own health in a very simple way – to stand up!

www.360sundhed.dk

Change Your Thoughts, Change Your Life

Josephine Dahl

I was helping my dad out at his clinic as I usually did during my holidays. But today was different. Something was off with dad and Mariann — the doctor and the secretary. I had actually known all along.

Even though I was only 13 years old I could tell. The signs were pretty obvious. Mariann was feeding my dad chocolate and acted quite seductive around him. I wanted to leave but I was stuck. Right in the middle of it. My stomach was turning and I could feel my anger towards my dad building up.

Somehow I managed to be courageous enough to confront him with it on the way home in the car. I knew he would explode with anger but I didn't care.

It turns out I was right. He hit the steering wheel several times and started yelling at me. Then he pulled over and said, "We need to talk". He wanted me to tell him everything I had experienced in the clinic. This time I was more detailed. He shook his head and told me that I was crazy and it was all in my head. Then he said, "By the way, don't ever tell mom about this because then all hell will break loose."

So of course I didn't tell her. Deep inside I hoped she would figure it out by herself. Then it wouldn't be all my fault if our world would come tumbling down. And I wouldn't have to have that knowledge all by myself.

About a year after, on a cold and grey November day, she finally asked me if I had noticed 'any odd things' at the clinic. We were sitting in the car on our way to the grocery store so it was completely unexpected that she would bring it up right then and there. I didn't even consider my reply. I just did what came natural to me. I started crying and I told her everything.

The next thing I knew we were headed to the clinic. I'll never forget how we automatically grouped up two and two; dad and Mariann on one side and mom and me on the other. Once again I was stuck. And true enough, from this point, hell did break loose.

From one day to the other our lives changed. Before then we seemed like such a harmonic nuclear family and all of a sudden it was pure armageddon. My parents couldn't be in the same room without arguing and fighting. It went on like that for a few years, and my mom started drinking heavily. Alcohol was her escape from reality. Mine was food.

When I couldn't stand being at home I usually took the train to Copenhagen and found a place to eat — preferably a place with a buffet so I could numb my psychological problems for a longer period of time. After a nice and fulfilling meal I'd go to the cinema. I watched "Lord of the Rings — The Fellowship of the Ring" several times. It lasted over 3 hours so it was another good escape for me. And I was, of course, accompanied by soda water, popcorn, candy and what not. When the movie was over I would find yet another place to eat. I wanted to prolong my escape as much as possible. And finally I would head home. Home to complete and utter chaos.

When I needed to get my mind off of things again I would also visit The Tivoli Gardens on a regular basis. I loved to be in that small bubble of joy when I rode the various rides. And I remember how I would also sit on a bench observing happy families. It felt as though I wasn't a part of the same world as they were. As if I was standing outside it all merely looking at them - a bit like "The Little Match Girl". These kinds of small escapes somehow reminded me to never give up hope. They gave me a tiny bit of joy in life at that time.

High school life came knocking on my door and I continued to stand outside and watch while my classmates were enjoying life. Their lives were all about parties, dating and whatever every 'normal' teenager does.

But I wasn't normal. I told myself that I was fat and ugly. And I didn't dare to tell my honest opinion about anything because I was so unsure of myself. I barely dared to speak at all. I kept telling myself that I wasn't worth talking to. That I didn't have anything valuable to contribute. That I wasn't lovable.

I was yearning to be a part of the popular clique in class. Even though I was a completely different type than them. I was looking up to them and couldn't quite comprehend how they could be so cool and so free. They were just talking without any fear of judgment and they seemed so happy. At least on the outside. I wanted so badly to be like them. But why couldn't I simply just be myself? Without worrying so much about what other people were thinking of me.

I felt wrong constantly. Mostly because I was comparing myself with other people and was focusing on those parts where I thought other people were better than me. But it was all in my head. I know that today.

A recurring subject was that I really wanted to be like all the other cool kids. I wanted to be normal. But what is 'normal' anyway? The fact is, 'normal' is just the average of how human beings look, act, think etc. But the term 'normal' has become a term which is very subjective. What I may think is normal can be the exact opposite of normal to someone else and vice versa.

Throughout our lives we're being highly influenced by media so we tend to believe that certain things should be in certain ways. In high school, for example, I was convinced that I would be happy if only I lost some weight and looked like a Victoria's Secret model. But yet again, it was all in my mind. Back then however, I wasn't aware of that so I kept on telling myself that I was fat and ugly and wrong.

Then one day something unexplainable happened. I woke up, so to speak. One day I looked at the numbers on the scale that said 106 kg. All of a sudden I hit a point mentally which I've never experienced before. Up until then I had almost given up but when I saw those three digits on the scale something happened in my mind. It dawned on me that I had to help myself out of that depressive and self destructive state I was in.

While it wasn't those exact words that flew across my mind I knew that something had to be done — and I knew that I was the only one who could actually do something. So from one day to another I stopped eating any kind of fast food and started working out several times a week, something I had never done before. The kilos dropped off one by one and I could feel hope blossoming inside of me.

I was finally finding myself and who I really was. Finally I had reached a place where I could be satisfied with the body I had. Well, almost. Yes, I had lost a lot of weight. 25 kilos to be exact. But it wasn't enough because my original goal was to achieve the look of one of those Victoria's Secret models.

A few years later my ideal body goal was being challenged because someone gave me the possibility to become a model for a Danish clothing brand. And I wasn't the skinny size of a typical model. I weighed 85 kg at that time. It wasn't at all something I had imagined doing — ever.

I was 24 years old at that time and I worked as an administrative employee in The Danish Defense. So when I was offered this modeling job I thought to myself that it would be the perfect opportunity to try something different than sitting at a desk for 8 hours each day. In the beginning though, I didn't quite know what I was doing in front of that camera. I had no idea where to place my arms and legs and I couldn't figure out how to make a model-like facial expression because it was completely unnatural for me. I had never done anything like that before.

Beside not knowing how to pose, my mental state at that time wasn't good either since I wasn't 100% satisfied with my body and the way I looked. Obviously it had boosted my confidence a lot that I lost all that weight but I wasn't yet convinced that I had the body I should have. And here the keyword is 'should'. I hadn't reached my original weight goal, ergo I was still a misfit. But I continued modeling in spite of that. I continued even though it felt very odd for me to be in the spotlight and being judged constantly. I kept pushing my limits and little by little I figured out how to navigate in situations where I was out of my comfort zone. Including situations outside of the modeling world.

For many years I had tried keeping my life in a sort of status quo so I wouldn't have to deal with new and maybe anxiety provoking situations. For the same reason, I also stayed at the same work place for many years even though I knew it wasn't an area I was truly passionate about. I settled for whatever was 'good enough' because that meant that I didn't have to move out of my security bubble.

I ended up working there for 8 years since it was a very stable work place that gave me a feeling of security. At least some of the way. During my work there I was relocated a few times because of cutbacks. The first time I managed to settle down at the new work place but the second time around I entered a depression and was on sick leave for several months.

I had absolutely no energy for anything. Just taking a shower seemed like an impossible task for me. But once again I knew that I had to take action to change my life and start doing something I actually felt passionate about. During that period of time I found the strength to apply to different universities.

I waited to see where the dice would land and eventually they landed at a university far away from my home in Copenhagen. So I decided to quit my job, go all in and I moved from Copenhagen to Odense - a small city far away from home where my university was located. I could have chosen to commute but I needed to start fresh and build a whole new life.

It turned out to be the best decision of my life because it was the beginning of the life I have today. And I have never been happier. Finally I'm doing something I'm actually passionate about and something that makes me happy. I'm almost done with my bachelor's degree in Media Studies and I've started my own video production company.

At this point I've been working as a professional model for 6 years. Shortly after I started working as a model I was signed with an agency. What initially was supposed to be a fun job on the side ended up being a professional career. I have gotten used to being in front of a camera — and most importantly I feel comfortable in my own skin. Little by little that feeling of being wrong vanished and I came to realize that I am just right. Simply by being me.

In the end it's all about your mindset. It sounds a lot easier than it is. You have to be very aware of your own thoughts to keep a positive outlook on life and a positive self-perception. Sometimes you have to take an objective look on your thought patterns. For example, I've learned a lot about myself and my thoughts by writing them down. The articulation of the thoughts is essential, especially if something is bothering me. Then I always feel a little more relieved afterwards.

You may also choose to talk to someone else about what's on your mind. It can be difficult at first to open up about sensitive subjects but believe me, it works! By being persistent you can come a long way. Never ever give up. No matter how impossible everything looks you have to remember that every state and every thought is temporary and you always have a choice.

About the Author

Josephine Dahl's career path has pointed in many different directions. Her first job was in a bakery when she was 15 years old. She didn't really do it for the money, but more to take responsibility for her own life and be a little more independent. This has affected the rest of her working life, where she worked as a cashier in a supermarket and a manager in the state defense department. Alongside the job in the Danish Defense, she began working as a plus-size model. Lately she has also thrown herself into the media world, where she works as a freelancer and has undertaken a Bachelor's degree in Media Studies. In addition, she recently started her own video production company. To take responsibility for her own life— not least of all her thoughts—is in general very important for Josephine, and she takes it with her in all facets of life.

Josephine can be contacted at jldc@live.dk.

Power behind Bars

Helle Mai Nielsen

A wounded Lioness in a Cage

May 2005. It's Tuesday afternoon, I'm driving home after yet another therapy session. The tiny bit of energy and willpower seems to be completely emptied out of my body. I can't describe the creepy feeling which is sneaking up on me. I know I have to make the decision I do not, for anything in the world, want to make.

The time between feeling relief and feeling intense anxiety is getting shorter and shorter. No-matter what I do the anxiety increases. I can't be in my own skin anymore. I'm afraid to be on my own. I'm afraid to be with people. I cant find rest anywhere. *After all the inner work I have done with myself, how could this be?*

A stressful, overachieving lifestyle combined with a challenging divorce, loss of my home and finances led to serious anxiety and depression. For almost two years I was in very bad condition, even with medication the doctors prescribed I still felt totally devastated, like a wounded lioness in a cage. I was terrified of my mind and I couldn't see how I would ever get back to 'normal'. I feared I would never be free, never reach my dreams, never have a loving intimate relationship again. Yet, my only focus was to stay alive, stay out of a mental institution and to be the best mom as I possibly could.

Four months after the divorce I still felt like the ground was disappearing beneath me. I drove by the beach every morning and laid in the sand even though it was freezing cold. Laying there crying, vomiting and praying before I went to my job as a project manager of a big project. I did what I could to hang on to some sense of normalcy, even though I couldn't see what I was writing because the letters were totally fragmented and blurry. I was so scared of what was happening to me!

Of course I understood there would be a tremendous amount of grief and all kinds of feelings going through a divorce. But I knew the amount of pain and craziness I felt had to do with more than that. So on that Tuesday afternoon in 2005, I drove to the psychiatric emergency room and was voluntarily admitted.

This was one of the worst moments of my life, leaving my 13 year old daughter, not knowing if I would ever be able to take care of her again or even see her again. I felt that I abandoned her at a time where she needed me the most.

I got a room, bed and pills. As I swallowed the pills I knew they would make my condition even worse. It was the first time I went to the psychiatric emergency unit, but I had been on anti-depressive and anxiety medication twice before, and it didn't help me at all. After all these years of therapy and counseling, I was sure something was really wrong with me, that I couldn't be helped and I had no choice.

The room, the bed, the barred windows and the white tiles in the cold bathroom — it was disgusting. I felt alone, empty and terrified. Even when the sun came through the windows there was no comfort and I had this horrid sensation like my skin and flesh were leaving my bones. My body and mind were melting down.

No matter how much my friends and family wanted to help me, I was out of reach. I believed that I couldn't be helped. It was like being awake in a nightmare where you reach out for help but you slip away and cannot grab the helping hands no matter how hard you try, scream or wish.

And on the other hand I was repulsed by the thought of acting out in anger or taking any action, because I was certain life and people would push back on me even harder.

I have always been told "you get what you deserve", and I felt so guilty without knowing what I had done to deserve this level of pain. "What you fear will appear", I had learned too. I was ruthless, sensing the force of inner destruction and I was so afraid that I would destroy myself. I felt threatened by my mind, and I couldn't trust myself.

Maybe a mum on pills is better than no mum at all, but a mum sitting in a closed unit for the rest of her life ... NO WAY! After three weeks in the psychiatric hospital I went home to sell our house, and three months later I started working again as much as I could. Lucky me, I had a very patient boss.

Even though I no longer was in a physical cage, I still felt trapped behind invisible bars. My life was a question of survival. This was not a life worth living, and I got so jealous seeing other people enjoying life. I was totally unreliable because of the anxiety attacks. Fortunately, I had some very good friends so my social life did not totally disappear.

After giving up on the treatment in the hospital and the different therapies, I just kept on taking my pills because I didn't know what else to do. I had lost faith in everything I had learned and came to believe about self-recovery and self-healing.

Drinking red wine with family and going out partying with my friends was the only thing that could give me some kind of relief and a break from the anxiety. I really do understand why people turn to alcohol and unfortunately some get stuck there. But I somehow knew it wasn't my way.

Spring 2006, I got invited to a friend's house where a Shaman was visiting. He could see how stuck I was and asked me to contact him when I was ready for real change. Soon I left to consult and work with the Shaman for seven days in a row. Although my anxiety didn't disappear, I finally found some relief and hope—and I haven't touched a pill since.

My next attempt to break through the invisible bars was in October 2006. I travelled to London to attend Tony Robbins's "Unleash Your Power Within". This was a wild, fun and a very powerful event. We walked on fire and were lead through all thoughts of empowering exercises for 3 days and nights. I came home with new energy and a new mindset, or so I thought. There was still a nasty belief in my mind, "some people don't make it no matter *what* they do." The anxiety returned. A *real* backlash.

A couple of months later, still waking up every morning with anxiety and the feeling of "hanging on to a cliff", I went to a seminar. The speaker, Lasse Gustavsson, a Swedish firefighter who suffered a terrible gas explosion and miraculously fought his way back to life, was talking about his recovery. At one point he said: "I couldn't see or speak for month. The doctors were working hard on my body replacing skin and ease the pain. They didn't pay much attention to what was happening inside of me, but *I knew I couldn't afford one single negative thought* in my mind if I wanted to survive."

At that moment I totally got it! Despite all the training and different types of therapy. I finally realized *this* was the key to my recovery. I realized that *I* was my own worst enemy, a victim of self-sabotage. All the guilt, the shame and the self-blame kept me "on my knees". I had to stop the war inside if I wanted to heal. Although I still feared that something was really wrong with me which prevented me from healing, I started asking this question to myself over and over again:

"How can I be my own best friend, no matter what happens?"

I insisted.

I had to trust I could learn how to be kind to myself no matter what. It was going to be a long journey without any doctors, therapists or psychologists to lean on, as they could not help me anyway. This was the start of a new life, it was *not* about getting "back to normal", it was about creating a new normal.

In my relentless search for answers, I attended Debbie Ford's Shadow Process Workshop. She explained how to overcome often hidden destructive feelings, self-sabotage, and especially how to release anger. One evening Debbie lead the group through an anger release exercise which uncovered my anger. But what came up was more than anger—it was pure *rage*! I was *furious*. I realized this was a part of me I didn't know and I believed was worth knowing.

After this workshop, the anxiety dropped to half the intensity and it never went back up again. I also stopped vomiting in the mornings. No wonder anti-depressive medication didn't work for me, they just added more weight to the lid of this boiler.

Although I got a lot better, the stories in my mind were still pretty tricky. Finally, I came across "The Work of Byron Katie" in 2009. This was the first self-help tool which simply helped me investigate my repetitive fearful thoughts and pictures in my mind on my own. I discovered most of the stories in my head had no connection to reality. This was challenging and very strange, but also a huge relief.

Now I had a tool which I could use every day, at any time on my own! I knew I would *never* go back to the hospital nor take medication. Now, if my mind freaked out again I knew exactly what to do.

From 2009 and onwards my life kept getting better and better, and I got very curious about what else was possible. Several new self-help tools were added to my tool-box including: "The Art of Letting Go" with The Sedona Method, "Tapping" also known as EFT – Emotional Freedom Technique and the tools of Access Consciousness. I have traveled the world, educated and trained myself, and I have witnessed tremendous changes in my life and the lives of others using these tools and modalities.

Many of us have been disempowered in one way or another as kids. Most parents and caregivers weren't taught how to embrace and encourage us to be powerful as kids. When we've been yelled at, humiliated, or battled with, we reach a point where we choose to become invisible, people-pleasers, passive-aggressive, rebels or bullies to protect ourselves. Either way, we are not owning our true power anymore. We take on the belief that we are not enough, that we are too much, or both. We then play small and settle for less, or we go into battle.

I remember as a child how I felt embarrassed if I was "caught" by any grownups, while being in charge while playing with the other kids in the neighborhood. Maybe if I had been a child in a Native American Tribe, I would have been pulled aside and taught how to lead and think seven generations ahead. That's what they do with the kids who act as natural leaders on the playground.

I had connected shame to my power so every time I took a stand, set boundaries, spoke up for myself, or asked for what I wanted, it would trigger shame and I started to diminish myself. That's why I felt I couldn't trust myself. When I began to uncover and transform my anger into what I call potency, there was a real shift in my condition. I also learned how to balance feminine and masculine energies as well, because using your power the masculine way as a woman can be very exhausting, but that's a whole other story.

Know that anger is a natural response to any kind of limited or disempowering feelings, no matter if you're limited by others or by yourself. Just think of taking away a child's favorite toy, denying them their play time or in any way diminishing their excitement. A child would instantly react to such an unfair act. But many people were taught to hide their anger so as adults they do not know how to be with their angry feelings nor how to respond to them in an appropriate and healthy way. Yet anger is such a potent catalyst for moving us forward in life, when stuffed away inside of us, it can become a destructive force that keeps us stuck.

You may wonder, what happened in my childhood. Nothing spectacular. I simply grew up with one dominating parent. Obviously there wasn't room for *two* powerful Lionesses and I "choose" the weak position.

When I started questioning and letting go of my limiting beliefs, thoughts and emotions, my natural, authentic power started to reveal itself. I felt resourceful, happy and started to trust myself in a very profound way. I came to understand I was not broken and had never been!

The suffering is always held in the stories, never in the past traumatic event. Whomever or whatever disempowered or limited you and put you behind the invisible bars in childhood, what matters now is whether you continue to hold yourself behind these bars.

Through this journey I've also come to see that lack of emotional resilience and true power is often why leaders and potential leaders seems to be the ones who suffer the most when things go wrong! They are typically much harder on themselves or towards others than most. Burnout, depression, rage, self-sabotage and emotional torment can be indicators of hidden potency and a huge capacity for great leadership. Unleashed, un-used or diminished potentials and power are very painful! It takes tremendous resources to hold yourself down, like I did.

"What we fear the most is not our weaknesses – it is our true power!"

I became a self-help junkie, which saved my life but emptied my bank account. The self-help industry is reaching an 11 billion industry. There is so much material on the Internet and in books that it can be overwhelming and questionable too. Unfortunately many people in pain still end up stuck.

This is why I have committed myself to share my insights and experiences, and hopefully make it much easier for others to navigate this jungle of options. The modalities mentioned are in my experience some of the most powerful tools to accelerate any process, progress, performance or recovery! They are not just for survival they are for everyone who wants to empower themselves and create better lives! …Because you don´t have to break down to break through!

I'm forever grateful that I somewhere had the guts despite my condition, AND that I had the money to travel the world to investigate.

"I now know, that I know that I´m okay and that I cannot not be okay"

- Prof. Sri Kumar Rao

Thank you for reading my story.
Warmly Mai

About the Author

Mai is trained technical designer with 25 years experience in the No-dig-industry. She has vast experience as a project manager of sewer rehabilitation projects in Copenhagen. Alongside the No-dig-career, Mai renovated several private properties and helped his brother with his business Wrenchmonkees. Her own intense personal development over the last 20 years, her visionary mindset and creative way of solving problems are now the foundation for her passion and mission. In 2011 she became a Sedona Method Coach level 2. Delivered her first speech at Copenhagen Business School "A different take on Emotional Intelligence, Leadership & Sustainability" in summer 2013. Early 2015 Mai left the corporate world to pursue her entrepreneurial dream and is currently developing an on-line concept for emotional mastery.

Mai is dedicated to empowering true leadership and giving people a roadmap, with different opportunities and tools so that they can feel good, be good and do good.

MAKE YOUR MARK GLOBAL PUBLISHING, LTD

USA & Monaco

Turning Points: 11 Inspiring True Stories of Turning Life's Challenges into a Driving Force for Personal Transformation

For information on bulk purchase orders of this book or to book Dr. Andrea to speak at your event or on your program, call +33 06 12 74 77 09 or send an email to <u>bratpack@MakeYourMarkGlobal.com</u>

Other Books Published by Make Your Mark Global

The Book on Quantum Leaps for Leaders: The Practical Guide to Becoming a More Efficient and Effective Leader from the Inside Out by Bitta. R. Wiese

Turning Points: 11 Inspiring True Stories of Turning Life's Challenges into a Driving Force for Personal Transformation

How to Liberate and Love Your Authentic Self by Andrea Pennington

The Top 10 Traits of Highly Resilient People by Andrea Pennington

Daily Compassion Meditation: 21 Guided Meditations, Quotes and Images to Inspire Love, Joy and Peace by Andrea Pennington

Get Published
Share Your Message with the World

Make Your Mark Global is a conscious branding, marketing and communications agency based in the USA and French Riviera/Monaco. We offer publishing, content development and promotional services to heart-based, conscious authors who wish to have a lasting impact through the sharing and distribution of their transformative message. We can also help authors build a strong online media presence and platform for greater visibility.

If you'd like help writing, publishing or promoting your book, or if you'd like to co-author a collaborative book, visit us online or call for a free consultation. Call +1 (707) 776-6310 or send an email to bratpack@MakeYourMarkGlobal.com

MAKE YOUR MARK GLOBAL PUBLISHING, LTD
USA & Monaco

Vendepunkter: 14 inspirerende fortællinger om, hvordan livets udfordringer bliver drivkraft for personlig forandring

© 2016 Ulla Schmidt Andersen, Kim Bjørn, Anja Bolbjerg, Birgit Elgaard Brett, Vivian Lee Chrom, Josephine Dahl, Anette Flamand, Thomas Rex Frederiksen, Kjenneth Holm, Sussi la Cour, Paul Lyderer, Helle Mai Nielsen, Susanne Thunøe, Ole Wessung

For bestilling af et større parti af denne bog eller for at booke Dr. Andrea til en event eller kursus, ring på +33 (0)6 12 74 77 09 eller send en email til bratpack@makeyourmarkglobal.com

Thomas Rex kan kontaktes via email på trf@speakersclub.dk

Få din bog udgivet
Del dit budskab med verden

Get Published
Share Your Message with the World

Make Your Mark Global er et branding-, marketing- og kommunikationsbureau i USA og Sydfrankrig/Monaco. Vi driver forlagsvirksomhed og hjælper forfattere med at opnå indflydelse gennem indholdsbaseret PR. Vi er specialister i at hjælpe forfattere og foredragsholdere med at opbygge deres online tilstedeværelse og platform for større synlighed.

Hvis du vil have hjælp til at skrive, udgive eller fremme din bog, eller hvis du vil være medforfatter på et fælles bogprojekt, så besøg os online eller kontakt os for en gratis konsultation. Ring +33 (0)6 12 74 77 09 eller send en email til bratpack@MakeYourMarkGlobal.com

mentorer omkring mig.

- Kopier de dygtigste. Hvorfor opfinde den dybe tallerken, hvis den allerede er lige for næsen af dig.
- Spørg om hjælp. Du vil blive overrasket over hvor mange, der gerne vil hjælpe dig på vej mod dine drømme.
- Sørg for at udvikle dig sammen med andre. Personlig udvikling er en hold sport

Om forfatteren

Thomas Rex Frederiksen startede sin karriere i AP Møller/Mærsk, men allerede som 22-årig fandt han ud af, at han skulle være iværksætter. Siden har han startet mere end 20 virksomheder, herunder kursusvirksomheden Microworld, reklamebureauet MicroPlanet, campkonceptet True North og netværket Speakers Club, som er Danmarks største medlemsbaserede klub for ledere, iværksættere og andre, som gerne vil tage ansvar for deres personlige lederskab. Han har indtil for nyligt haft det daglige ansvar for Speakers Club. I dag har han overdraget ansvaret til en ny direktør, mens han egen rolle er den kreative forretningsudvikling. De seneste år har han fungeret som businessmentor for iværksættere og vækstvirksomheder. Han sidder blandt andet i bestyrelsen for Betterbooqr, Gooddeeds, forsikringsmæglervirksomheden Seren Aps og konceptet LitUpp, som er en global online platform for selvudvikling. Thomas fungerer også som rådgiver for en lang række foredragsholdere, som søger sparring i forhold deres materiale, vinkel og fokus.

www.thomasrex.dk

Jeg var selv en af de børn, som havde svært ved at sidde stille i skolen. Jeg var mere fokuseret på at fyre jokes af og tale om alt muligt andet end undervisningen. Jeg brugte da også mere tid udenfor døren end i selve klasselokalet, og jeg har kostet mine forældre mange grå hår og bekymringer. Mit skolemæssige udbytte var begrænset, men senere fandt jeg ud af, at vores egentlige uddannelse først starter den dag, hvor vi forlader skolen. Vores skolefærdigheder er fundamentet, men udviklingen af vores personlige lederskab, vores identitet og definitionen af vores livsmål, værdier og leveregler er en livslang proces.

Rigtig mange danskere bruger store summer penge på selvudvikling. Det er alt sammen rigtig godt. Problemet er bare, at mange har svært ved at omsætte deres læring til praksis. Vanens magt er stærk og tryghedszonen er omklamrende. Derfor falder de hurtigt tilbage i deres gamle mønstre. Jeg tror på, at løsningen er at udvikle sig sammen med andre. Det er svært at rykke sig, hvis vi ikke har folk omkring os, der kan inspirere og motivere os til at blive ved. Forbilleder som vi kan spejle os i. I min optik er personlig udvikling en holdsport.

I 2008 tog jeg initiativ til at starte netværket Speakers Club for netop at skabe en platform, hvor vi kunne udvikle vores personlige lederskab sammen med andre. I netværket har vi mulighed for at møde en masse folk, som kan inspirere og motivere os til at følge vores drømme. Det er ærgerligt at leve et langt liv og måske først på vores dødsleje finde ud af, hvad vores formål er, hvor vi for alvor gør en forskel og hvornår vi er passionerede og glade. I netværket har jeg oplevet et utal af mennesker tage ansvar, finde ind til kernen, definere deres værdier og ændret deres liv radikalt. Nøgleordet er personligt lederskab, ønsket om at udfordre status quo og hele tiden søge at dygtiggøre sig for at finde frem til den bedste version af sig selv.

Min egen vej har været brolagt med både succeser og fiaskoer, og jeg kender om nogen værdien af at arbejde med det personlige lederskab kontinuerligt. Jeg har lært aldrig at falde i fælden og tro, at jeg er færdiguddannet og altid interessere mig oprigtigt for andre mennesker og deres udfordringer i livet. Livet er en lang læring.

Det har jeg lært

- Arbejd med din selvudvikling. Det er ikke en dag for tidligt at komme i gang.
- Opsøg nogle mentorer. Jeg har selv glæde af at have et korps af

kunnet få hende til på 10 år. Det var det vildeste, jeg nogensinde havde oplevet.

Tony Robbins arbejder bevidst med sammenhængen mellem krop og sind. Ved at bruge virkemidler som lys og lys, fik han os til at danse og hoppe. Han fik os til at give high fives til folk, som vi ikke kendte, og tale om vores udfordringer med hinanden. Jeg kunne mærke, at energien begyndte at strømme igennem mig igen. Det var umuligt ikke at blive påvirket af den gode stemning. Tony Robbins fik mig til at indse, at hvis man er motiveret nok, så kan man flytte sig. Denne erkendelse ændrede fuldstændigt mit udsyn og min sindstilstand. I løbet af seminaret smed jeg alle mine depressive tanker over bord og stoppede med at tage min medicin. Jeg gad ikke gå og være jammerlig mere. Nu ville jeg begynde at tage ansvar for mit liv.

Da jeg kom hjem fra seminaret, besluttede jeg at sige op i Microworld – min egen virksomhed. Beslutningen havde været undervejs længe, men jeg havde været bange for, hvad Jesper ville sige. Ville han mon blive sur? Ville han sige, at jeg var en kujon, der stak halen mellem benene, bare fordi vi havde lidt modgang? Da jeg endelig konfronterede min frygt, viste den sig at være ubegrundet. Jesper ønskede mig tillykke og spurgte bare, hvorfor jeg ikke havde taget beslutningen noget før. Jeg åndede lettet op og kunne komme videre med mit liv.

Kort tid efter stiftede jeg virksomheden True North sammen med Nicolai Moltke-Leth. Virksomheden hjælper teenagere med at udvikle deres personlige styrker og sociale kompetencer, så de kan navigere deres liv i retning af at blive den bedste version af dem selv. Udgangspunktet er en fem dages camp, hvor de unge modtager alle mulige former for selvudviklende træning. Jeg blev altid pavestolt, når de unges forældre ringede for at fortælle, at de slet ikke kunne kende deres børn igen. Eller når de fortalte, at deres skolekarakterer var steget markant, selvom vores camps ikke havde fokus på faglig læring. Jeg så i praksis, hvad der skete med de unge, når de begyndte at tage ansvar for deres liv, forstå sig selv og anerkende sig selv for deres individuelle styrker. I Danmark kan man nemt vokse op uden egentlig at tage ansvar. Det er jeg bekymret over ud fra et samfundsmæssigt perspektiv. Alt for mange stopper deres udvikling for tidligt. De har udfordringer med at tage det fulde ansvar for deres eget liv, kortlægge deres værdier og livsmål, og blive den bedste version af sig selv. Det mønster hjalp vi de unge med at bryde på vores camps.

sygdomsforløb. Det hele efterlod mig i et sort hul, som jeg havde svært ved at komme op af igen. Jeg indtog en offerrolle.

Det var først, da jeg nærmest blev tvunget med på seminaret med Tony Robbins, at det negative mønster blev brudt. Jeg glemmer aldrig den skelsættende weekend. Der var 10.000 deltagere til seminaret. Fælles for os alle var, at vi gerne ville udfordre os selv og arbejde med de udfordringer, som vi kom med hver især. Vi var i en kolos af en bygning, der fik Bella Centret til at ligne en håndboldhal. Der sad vi planket på lange stolerækker og lyttede til Tony Robbins.

Under en af de første sessioner bad han alle deprimerede personer i salen om at rejse sig op. Jeg var chokeret over hans direkte tilgang. På det tidspunkt var det ikke så normalt at tale åbenlyst om sine psykiske problemer, men jeg valgte at gå med på hans præmisser, så jeg rejste mig op. Da jeg kiggede mig omkring, var jeg ikke alene. Måske 800 mennesker havde rejst sig. Det var en stor erkendelse for mig, at jeg ikke var den eneste, der havde det dårligt. Det satte ligesom min situation lidt i perspektiv.

Kort efter spurgte han, hvor mange i salen, der havde prøvet at begå selvmord eller var selvmordstruede. Jeg vil tro, at 100-150 mennesker rejste sig op. Han udpegede en ung, selvmordstruet kvinde, som han coachede på scenen foran alle deltagere. Det kan virke kontroversielt at coache en kvinde med så massive problemer foran så mange mennesker, men stemningen var skabt til det. Der var en åbenhed for at tale om sine problemer og en villighed til at arbejde med dem sammen med andre. Kvinden var blevet voldtaget og misbrugt af familiemedlemmer gennem hele sin opvækst. Da hun fortalte sin historie, sad de fleste og stortudede.

Jeg havde lyst til at løbe over og give hende et kram, men Tony Robbins valgte en anden strategi. I stedet for at give hende omsorg, gik han til min forbløffelse hårdt til hende – meget hårdere end jeg brød mig om. "Hvorfor havde hun ikke haft held til at begå selvmord? Kunne hun ikke engang lykkes med det?" Han talte kontant til hende og brugte mange bandeord. Langsomt gik det op for mig, at han ville have hende til at bryde ud af offerrollen. Hun var vant til, at folk havde ondt af hende, og hun havde fundet tryghed og identitet i at være et offer. Det vidste Tony Robbins kun alt for godt, og nu forsøgte han at hjælpe hende ud af offerrollen ved at ryste hende og tvinge hende til at tage ansvar for sin situation. I løbet af to timers coaching på scenen, formåede han at få hende til at flytte sig mere end en psykolog ville have

kørt rundt i systemet som en stangvare, uden at der blev gjort en seriøs indsats for at opkvalificere dem. Jeg syntes, det var enormt trist, at man misbrugte deres tid på noget, som alligevel ikke bragte dem i arbejde. Samtidig syntes jeg, at det var forkasteligt, at vi brugte så mange skattepenge på en indsats, som ikke blev bedre monitoreret. I mine øjne var det alt for uambitiøst. Jeg var sikker på, at jeg kunne gøre det bedre.

Sammen med Jesper udviklede jeg et professionelt og ambitiøst forløb, som skulle give de ledige et meget højere fagligt niveau og få mange flere i arbejde. Fire måneder senere præsenterede jeg forløbet for arbejdsformidlingen. De var heldigvis så begejstrede, at de gik med til at teste det af. Det blev startskuddet for virksomheden Microworld, som specialiserede sig i at give langtidsledige det rigtige kompetenceløft, så de igen kunne komme i job. Løsningen var en holistisk proces, hvor vi understøttede den meget hårde faglige træning med personlig udvikling og 24/7-støtte for at holde dem fast i forløbet.

Arbejdet med de ledige gik så godt, at de fleste, der kom på kursus hos Microworld, blev tilbudt fast arbejde efterfølgende. Hver dag kunne jeg se, at vi gjorde en forskel for en masse mennesker. Der kom skæbner, beretninger og ansigter på vores arbejde. Jeg kunne mærke, hvordan folk ændrede sig. Når det lykkedes for dem at komme i arbejde, vendte de tilbage for at takke os med blomster og rødvin. Det var en helt anden belønning end jeg havde været vant til fra mine tidligere iværksætterprojekter. Pludselig så jeg værdien i at være drevet af at hjælpe mennesker frem for kun at være drevet af at tjene penge. Interessant nok var det først med dette menneskelige fokus, at jeg formåede at skabe en succesfuld virksomhed. Virksomheden gik fra 2-50 ansatte på under tre år.

Desværre betød en lovændring nogle år senere, at vi mistede en væsentlig del af vores forretningsgrundlag. Da arbejdsformidlingen udliciterede arbejdet med de ledige til private aktører, glippede vi at få del i rammeaftalen. Skylden var min. Jeg havde ikke i min vildeste fantasi forestillet mig, at lovforslaget ville gå igennem, så jeg havde slet ikke budt ind på opgaven.

Vi havde igennem flere år kørt en fantastisk forretning, hvor vi havde leveret virkelig gode resultater, men med ét blev vi nødt til at afskedige halvdelen af vores ansatte. Min stolthed led et kæmpe nederlag og jeg havde kolossal dårlig samvittighed over for de mange dygtige medarbejdere, som ikke havde gjort noget forkert. Samtidig kæmpede jeg med tabet over min mor, som var død af kræft efter et opslidende

hjemmebiografen. Her lå jeg i slåbrok dagen lang, mens jeg spillede Playstation eller så serien "24 hours" – sæson for sæson. Jeg kunne slet ikke genkende mig selv, og jeg var bange for, hvad der var ved at ske med mig. Normalt var jeg en mand med mere energi end gennemsnittet, men nu lå jeg her som en zombie. Ligegyldigheden var ved at ælde mig op indefra. Jeg begyndte at tage lykkepiller for at komme igennem dagene. På den måde skjulte jeg, hvor slemt det egentlig stod til med mig. Jeg ville hellere isolere mig end at involvere folk i, hvad der foregik.

Heldigvis havde jeg en ven, som så lige igennem mig. Nicolai Moltke-Leth havde arbejdet med selvudvikling i mange år, og han kunne se, at jeg skulle have et venligt, men fast skub for at komme ud af min tilstand. En dag spurgte han mig, om jeg havde hørt om den amerikanske coach Tony Robbins. Jeg vidste, at det var den her store fyr med store hænder og hvide tænder, men ellers kendte jeg ikke rigtigt til ham. "Ham er du nødt til at møde. Jeg skal til et seminar med ham i London om nogle måneder og du skal med," sagde han. Jeg anede ikke, hvad jeg gik ind til, men jeg havde en stor tiltro til Nicolai, så jeg besluttede at lytte til hans råd. Det har jeg aldrig fortrudt siden. Mødet med Tony Robbins ændrede mit liv for altid.

For at forstå, hvad der skete på seminaret i London, er vi nødt til at gå nogle år tilbage i tiden. Tilbage til dengang jeg som 20-årig påbegyndte min karriere i AP Møller/Mærsk. Det var en tid præget af urimeligt lange arbejdstider, stort ansvar og en løn, som vi elever lidt sarkastisk kaldte for tilstedeværelsesgodtgørelse. Efter et par år besluttede jeg mig for, at hvis jeg alligevel skulle arbejde 80-100 timer om ugen til slaveløn, kunne jeg ligeså godt gøre det for mig selv. Mit temperament passede også bedre til at være iværksætter.

De første fire år som iværksætter var jeg drevet af en ubøjelig vilje til at ændre verden ved at skabe teknologiske landvindinger og skabe noget stort og ambitiøst, men frem for alt var jeg drevet af at tjene mange penge, lysten til at køre en fed bil og muligheden for at kunne invitere damerne med på byens bedste restauranter. Indtil videre var succesen dog udeblevet. De første tre virksomheder var gået konkurs. De smarte biler havde været til låns og middagene og lønnen blev betalt af investorerne.

Via en ven kom jeg en dag i snak med direktøren for arbejdsformidlingen i Hillerød. Det møde ændrede mit liv og mit fokus. Jeg fik et indblik i en verden, som jeg ikke kendte noget til; de arbejdsløses verden. Jeg begyndte at forstå, hvordan mange ledige blev

Personlig udvikling er en holdsport

Thomas Rex Frederiksen

På overfladen levede jeg det såkaldte gode liv. Jeg havde en lejlighed på Frederiksberg i tre etager. Sommerhus i Tisvilde. Jeg havde to Mercedeser i garagen og en Volkswagen Touareq, en båd i Tuborg havn og jeg stod på ski fem-seks gange om vinteren. Om sommeren ferierede jeg i Saint Tropez og Puerto Portals, og jeg tog gerne en weekendtur til London eller Paris, når der skulle shoppes. Min kone havde et godt lederjob. Vores ægteskab kørte på skinner. Det hele spillede, hvis man så mig udefra, men virkeligheden var en helt anden. Igennem længere tid havde jeg hverken kunne mærke nogen glæde eller tilfredshed. Det var en absurd oplevelse at have så meget godt på papiret uden at være i stand til at nyde noget af det i praksis. Jeg måtte erkende, at jeg var 34 år og deprimeret.

Om morgenen slæbte jeg mig på arbejde. Jeg var partner i en virksomhed, som jeg havde startet op med min daværende partner Jesper Dohn nogle år før. Når jeg kom ind på kontoret, snakkede jeg lidt med folk, men det meste af tiden sad jeg bare og stirrede ind i min computer, mens jeg overvejede, hvornår jeg kunne tillade mig at gå hjem igen. Tiden gik ufatteligt langsomt. Jeg følte, at jeg skyldte min partner at lægge min del af arbejdsindsatsen, men det var svært for mig i den periode. Jeg havde konstant dårlig samvittighed over, at jeg overlod ham med størstedelen af arbejdet.

Nogle dage var jeg nødt til at blive hjemme fra arbejde. Det var de dage, hvor kroppen var så tung, at jeg knap nok kunne løfte mig selv op fra sengen. Jeg bevægede mig i langsomt tempo fra sengen og ind i

Om forfatteren

Helle Mai Nielsen er uddannet teknisk designer og har en baggrund med 25 års erfaring i No-Dig-branchen, først som entrepriseleder og senere projektleder på større kloakrenoveringsprojekter i København. Sideløbende med karrieren har Mai renoveret flere ejendomme privat, startet en babyudstyrsforretning og hjulpet sin bror med forretningen Wrenchmonkees. Hendes egen intense personlige udvikling gennem de sidste 20 år, evnen som struktureret projektleder og hendes visionære og kreative måde at løse problemer på danner nu grundlaget for hendes passion og mission. I dag arbejder Mai på at udvikle et internationalt online koncept for personligt lederskab og emotional mastery, der designer inspirerende og transformerende video-tutorials. Mai udfordrer på en humoristisk måde, hvad vi tror er muligt. Hun brænder for at viderebringe viden om specifikke selvhjælpsmetoder og give folk værktøjer, de kan bruge på egen hånd til at accelerere og transformere hvilken som helst proces, given situation eller tilstand og blive deres egen bedste ven.

reagere på den og bruge den på en sund og hensigtsmæssig facon. Vreden er en vigtig katalysator for at få os frem i livet. Når vreden er fastlåst, kan den derimod forme sig til en destruktiv kraft, der holder os fanget.

Da jeg begyndte at spørge ind til og give slip på mine begrænsende overbevisninger, tanker og følelser, begyndte min naturlige autentiske styrke at brænde igennem helt af sig selv. Jeg følte mig glad og fri, og jeg stolede på mig selv på en helt ny måde. Jeg forstod nu, at jeg ikke var – og aldrig havde været – ødelagt.

Jeg har også erfaret, at manglen på følelsesmæssig intelligens og styrke ofte er årsagen til, at ledere og potentielle ledere ofte er dem, der lider mest, når ting går galt. De er typisk meget hårdere ved sig selv og ved andre end de fleste. Udbrændthed, depression, vrede, selvsabotage og emotionel lidelse kan være indikatorer på skjult råstyrke og en stor evne for god lederskab. Uforløst, ubrugt eller begrænset potentiale kan være meget smertefuldt. Det kræver mange ressourcer at holde sig selv nede, som jeg gjorde.

Jeg blev en selvhjælpsjunkie, hvilket reddede mit liv, men det tømte også min bankkonto. Selvhjælpsindustrien nærmer sig en omsætning på 11 milliarder. Der er så meget materiale på internettet og i bøger, at det kan være meget overvældende og uoverskueligt. Dette er en af grundene til, at jeg er dedikeret til at dele ud af mine indsigter og erfaringer, og forhåbentlig gøre det lettere for andre at navigere rundt i denne jungle af muligheder. De nævnte metoder er meget virkningsfulde værktøjer til at transformere en hvilken som helst given tilstand eller proces. De er ikke bare til for overlevelsens skyld. De er til for alle, der vil finde deres indre styrke frem og skabe et ekstraordinært liv.

Jeg er for evigt taknemmelig over, at jeg havde modet på trods af min tilstand og at jeg havde pengene til at rejse verden rundt for at udforske og finde min vej på den anden side af tremmerne.

Det har jeg lært

Lidelsen ligger altid i historierne om og ikke i fortidens traumatiske begivenheder. Lige meget hvem eller hvad der begrænsede dig og satte dig bag de usynlige tremmer som barn, er det vigtigste nu, om du fortsat vil holde dig bag de tremmer.

overbevisninger ikke var virkelige. Dette var højst mærkværdigt og meget udfordrende, men totalt befriende.

Nu havde jeg et værktøj, som jeg på egen hånd kunne bruge på et hvilket som helst tidspunkt. Jeg vidste, at jeg aldrig ville ende tilbage på hospitalet eller på medicin. For første gang i lang tid følte jeg mig fri, og jeg vidste præcis, hvordan jeg skulle håndtere det, hvis mine tanker skulle gå amok igen.

Fra da af blev mit liv kun bedre og bedre, og jeg blev nysgerrig omkring, hvad der ellers var muligt. Adskillige nye selvhjælpsmetoder blev tilføjet til min værktøjskasse, heriblandt Sedona-metoden, tapping og værktøjerne fra Access Consciousness. Jeg har rejst verden rundt, uddannet og trænet mig selv, og været vidne til store forandringer i mit eget og andres liv ved hjælp af disse selvhjælpsmetoder.

Mange af os har som børn oplevet at blive undertrykt på en eller anden måde. De fleste forældre og omsorgspersoner har ikke lært at omfavne og opfordre os til at være stærke individer som børn. Når vi har vist vores styrke, er vi ofte blevet "sat på plads" ved at blive råbt af, ydmyget eller ignoreret. Og på et tidspunkt nåede vi til et punkt, hvor vi valgte at være usynlige, underdanige, passivt aggressive, rebeller eller mobbere for at beskytte os selv. Uanset hvad gav vi slip på vores sande styrke. Vi påtog os loyalt den opfattelse, at vi ikke er nok, at vi er for meget eller at vi er begge dele, og som voksne spiller vi nu små og usynlige, stiller os tilfredse med lidt eller er i konstant oprør med livet.

Jeg kan huske, hvordan jeg blev flov som barn, hvis jeg blev opdaget af en voksen i at være den anførende i legen med andre børn. Jeg voksede op med én dominerende forælder, og der var selvsagt ikke plads til to stærke hunløver, så jeg valgte det korte strå. Jeg forbandt styrke med skam, så hver gang jeg satte grænser eller bad om noget, blev jeg flov. Derfor begyndte jeg at underminere mig selv, hvilket resulterede i, at jeg ikke længere kunne stole på mig selv. Måske havde historien været en anden, hvis jeg var vokset op i en indianerstamme. Der havde de måske taget mig med ud i vildmarken og lært mig at være en god leder og tænke syv generationer frem. Det er sådan, de håndterer børn, der udviser naturligt lederskab.

Da jeg begyndte at se min vrede i øjnene og transformere den til potency, skete der et vedvarende skift i min tilstand. Vrede er en naturlig respons til en hvilken som helst form for begrænsning, lige meget om du er begrænset af andre eller dig selv. Men typisk har vi lært at "opføre os ordentligt" og negligere vores vrede, fordi vi ikke ved, hvordan vi skal

85

Deres opmærksomhed var ikke rettet meget mod, hvad der forgik indeni mig, men jeg vidste, at jeg ikke havde råd til én eneste negativ tanke i mit sind, hvis jeg skulle overleve."

I det øjeblik forstod jeg det. Tårerne trillede ned af mine kinder. Holy moly. Kunne jeg bare finde én positiv tanke i mit hoved. På trods af al den træning og terapi havde jeg ikke forstået det eller villet forstå det. Jeg indså nu for alvor, at jeg var min egen værste fjende og et offer for selvsabotage. Alt den skyld, skam og selvbebrejdelse holdt mig nede. Jeg var nødt til at ende krigen inde i mig selv, hvis jeg skulle overleve. Jeg blev jo ved med at såre mig selv.

Selvom jeg stadig frygtede, at der var noget oprigtig galt, som hindrede mig fra at hele, begyndte jeg insisterende at stille dette spørgsmål til mig selv igen og igen: "Hvordan kan jeg være min egen bedste ven, ligegyldigt hvad der sker?" Jeg blev nødt til at stole på, at jeg kunne lære at være sød ved mig selv uanset hvad. Det blev til en lang rejse uden læger, terapeuter og psykologer at læne sig op af, for de kunne ikke hjælpe mig. På det tidspunkt vidste jeg ikke, at det skulle tage mig fem år mere at komme helt ud af angstens invaliderende tag.

I min ihærdige søgning efter svar deltog jeg i foråret 2008 i en workshop, som blev holdt af den amerikanske selvhjælpsforfatter og -underviser Debbie Ford. Hun forklarede, hvordan man kan overkomme ofte skjulte destruktive følelser, selvsabotage og afsløre sin undertrykte vrede. En aften ledte Debbie gruppen igennem en øvelse, som efter hensigten fremprovokerede alles vrede. For mig kom der ikke kun vrede op. Der kom ren raseri op.

Efter denne workshop stoppede mine opkastninger om morgenen og mit angstniveau faldt til det halve og kom aldrig op igen. Jeg vidste, at denne ukendte og mindre charmerende hidsige side var vigtig at undersøge nærmere og frigøre. Det blev meget tydeligt for mig, hvorfor antidepressiv medicin ikke hjalp mig. Det skabte jo bare endnu mere overtryk i denne gruekedel af aggressioner.

Selvom jeg fik det en hel del bedre, var historierne i mit hoved stadig ret komplicerede. Jeg var stadig utryg ved mig selv og indimellem bange for at blive indlagt igen. Men så endelig. I marts 2009 faldt jeg over "The Work of Byron Katie" og bestilte straks en billet til Los Angeles for at deltage i hendes kursus. I ni døgn undersøgte jeg ved hjælp af denne selvhjælpsmetode mine ængstelige tanker og billeder, som stadig rumsterede i mit sind. Jeg opdagede igen og igen, at disse tanker og

Jeg havde mistet troen på alt, hvad jeg havde lært angående selvhelbredelse og selvhealing. Efter at have opgivet hospitalets behandling og de forskellige terapiformer, blev jeg ved med at tage mine piller, fordi jeg ikke vidste, hvad jeg ellers skulle gøre. Mit liv handlede kun om overlevelse.

Selv om jeg ikke længere var i et fysisk bur, følte jeg mig stadigvæk fanget bag usynlige tremmer. Det var ikke et værdigt liv. Jeg var jaloux, når jeg så på andre, der nød livet. Jeg troede ikke på, at jeg nogensinde kunne få det på samme måde som dem. Jeg var upålidelig på grund af angstanfaldene, men heldigvis havde jeg nogle virkelig gode venner, så mit sociale liv ikke forsvandt fuldstændigt. At drikke rødvin med familien og gå i byen med mine venner var de eneste ting, der gav mig en lille pause fra angsten. Jeg forstår virkelig godt, hvorfor nogle menneske tyer til alkohol og derved etablerer et misbrug. Men jeg kunne heldigvis også mærke, at det ikke var den vej, jeg skulle gå.

I foråret 2006 blev jeg inviteret til hjem til nogle af mine gode venner, hvor en shaman var på besøg. Han kunne se, hvor utryg og fastlåst jeg var, og bad mig derfor om at kontakte ham, når jeg var klar til en gennemgribende forandring. Kort tid efter tog jeg af sted på et syvdags ophold, hvor jeg fik undervisning og healing af denne shaman. Selv om min angst ikke forsvandt, oplevede jeg endelig håb og en smule lettelse, og jeg har ikke rørt en pille siden.

Næste forsøg på at bryde igennem de usynlige tremmer var i oktober 2006, hvor jeg rejste til London for at deltage i et seminar med den amerikanske coach Tony Robbins. Det var en vild, sjov og stærk oplevelse. Vi gik på glødende kul og blev guidet igennem alle mulige udfordrende opgaver. Jeg kom hjem med en fornyet energi og tankegang, men efter lidt tid vendte de ubehagelige tanker tilbage. Hver gang jeg så mig i spejlet eller så et billede af mig selv, kørte der kun én sætning i mit hoved: "Der er nogle mennesker, der ikke klarer den, uanset hvad."

Nogle måneder senere, hvor jeg stadig vågnede forskrækket op næsten hver morgen med følelsen af at hænge på kanten af en kløft, blev jeg inviteret med til endnu et seminar. Taleren var den svenske brandmand, Lasse Gustavsson, som har været udsat for en forfærdeligt gaseksplosion og kæmpet sig tilbage til livet på mirakuløs vis. Han fortalte om sin restitueringsproces efter ulykken. På et tidspunkt sagde han: "Jeg kunne ikke se eller snakke i flere måneder. Lægerne arbejde hårdt med at flytte og erstatte huden på min krop og lindre mine smerter.

med skilsmissen, heriblandt sorg. Men jeg vidste, at der måtte ligge mere bag.

Så på den tirsdag eftermiddag kørte jeg til psykiatrisk skadestue og indlagde mig selv. Det var et af de absolut værste øjeblikke af mit liv. At forlade min datter uden at vide om jeg nogensinde ville kunne tage mig af hende igen. Jeg følte, at jeg forlod hende på det tidspunkt, hvor hun havde allermest brug for mig.

Jeg fik tildelt et værelse, en seng og nogle piller. Jeg slugte modvilligt pillerne og vidste, at de kun ville gøre min situation værre. Det var første gang, jeg tog til psykiatrisk skadestue, men jeg havde været på angst- og antidepressiv medicin to gange før, hvilket overhovedet ikke hjalp mig.

Efter alle disse år med terapi var jeg sikker på, at der nu var noget virkelig galt med mig. At jeg ikke kunne hjælpes og at jeg ikke havde noget valg. Værelset, sengen, tremmerne for vinduerne og de hvide klinker på det kolde badeværelse – det var inhuman og klamt. Jeg følte mig alene tom og bange, selv når solens stråler ramte værelset. Jeg havde denne rædselsfulde oplevelse af, at min hud og kød løsnede sig fra mine knogler. Min krop og mit sind lukkede ned.

Ligegyldigt hvor meget mine venner og min familie prøvede at hjælpe mig, var jeg uden for rækkevidde. Det var som at leve i et vågent mareridt, hvor man rækker ud og skriger efter hjælp, men ikke kan nå de hjælpende hænder. Jeg var bange for at handle på mine følelser og komme til at reagere med vrede, for jeg var overbevist om, at livet og menneskene omkring mig ville slå tilbage endnu hårdere.

Jeg har altid fået af vide, at "man får, hvad man fortjener". Derfor følte jeg mig skyldig uden at vide, hvad jeg egentligt havde gjort for at fortjene denne mængde smerte. Derudover havde jeg lært, at "man tiltrækker, hvad man frygter". Og da jeg jo var fyldt med angst og katastrofetanker, følte jeg mig truet af mit eget sind. Jeg kunne ikke stole på mig selv og bebrejdede mig selv, at jeg jo bare kunne tænke noget andet. Jeg var hård ved mig selv. Følte en stærk selvdestruktiv energi, og jeg var rædselsslagen for, at jeg ville ødelægge mig selv.

En mor på piller er måske bedre end ingen mor, men en mor på den lukkede afdeling resten af sit liv – no way. Efter tre uger på hospitalet tog jeg hjem for at sælge vores hus. Efter tre måneder begyndte jeg at arbejde igen. Jeg var selvstændig og heldigvis havde jeg en meget tålmodig kunde. På den måde prøvede jeg at indhente det store økonomiske tab og bringe noget normalitet ind i mit liv igen.

Styrken bag tremmer

Helle Mai Nielsen

Maj 2005. Tirsdag eftermiddag kører jeg hjem efter endnu en terapisession. Den lille smule energi og viljestyrke, jeg har tilbage i min krop, er forsvundet. En ubeskrivelig klam følelse sniger sig ind på mig. Jeg ved, at jeg skal tage et valg, som jeg for alt i verden ikke har lyst til at træffe.

Der bliver kortere og kortere mellem følelsen af lettelse og gennemgribende angst. Ligegyldigt hvad jeg gør, bliver følelsen af angst mere og mere intens. Det er ligesom at leve i en konstant forskrækkelse, og jeg kan ikke holde ud at være i mig selv. Jeg er bange for at være alene. Jeg er bange for at være sammen med andre. Jeg kan ikke finde ro. Hvordan kan det her ske efter alt det indre arbejde, jeg har lavet med mig selv?

En stressende og hektisk livsstil kombineret med en svær skilsmisse og tabet af familie, hjem og økonomi ledte til en alvorlig angstdepression. I flere år var jeg i en virkelig dårlig tilstand, og selv på angstdæmpende og antidepressiv medicin følte jeg mig totalt ødelagt. Jeg følte mig som en såret løvinde i bur.

Fire måneder efter min skilsmisse kæmpede jeg stadig med følelsen af, at jorden forsvandt under mig. Hver morgen kørte jeg ned til stranden, lagde mig i sandet, græd til jeg kastede op, fandt lidt ro og kørte så på arbejde, hvor jeg som konsulent var leder af et stort projekt. Jeg gjorde, hvad jeg kunne for at holde fast i en snert af normalitet, men jeg var hunderæd for, hvad der var ved at ske med mig. Selvfølgelig var jeg indforstået med, at der ville være en stor mænge følelser i forbindelse

og mere livsklog end nogensinde før. Jeg flytter fra Danmark, og slår mig igen ned i en ny kultur. Jeg er nok noget af en boheme-type. Jeg interesserer mig ikke synderligt for materielle ting, status eller endda at have en kendt offentlig profil. Jeg har simpelthen ikke behov for det. Jeg føler nærmere, at de ting tynger frem for at befri mig. Føler at de skaber en form for usund afhængighed, og jeg ved ikke noget værre end det. I virkeligheden er det måske det, jeg har søgt efter hele mit liv. Søgt efter en måde at leve på, som kan give mig den største frihedsfølelse og livsglæde. Naturligt nok. Og det kan de materielle ting i sig selv ikke give mig. Jo mere jeg gør mig fri af disse ting, desto bedre fungerer jeg. Alt det jeg har været igennem i mit liv, peger i den retning. Jeg ønsker ikke at leve som en ubevidst forbruger i en trædemølle i det kommercielle samfund, som jeg er en del af. Jeg ønsker i fremtiden at leve et liv, hvor jeg kan leve frit og være et helt menneske – som en moderne nomade.

Det har jeg lært

- Hvis du siger ja og tager imod livet med åbne arme, vil det give det tilbage, som du allermest går og drømmer om. Du skal bare turde tro på det.

- Hold fast i dig selv. Dét at gå efter din intuition og forfølge dine egne mål, er det eneste rigtige.

- Acceptér andre uanset hvad. Vi har alle vores egen vigtige rolle at spille i samfundet.

- Du vil udvikle dig hele livet. Tag imod forandringen med åbne arme og lær af de udfordringer, som livet præsenterer dig for.

Om forfatteren

Sussi la Cour er nok bedre kendt som Katja K. I slutningen af 1990'erne skabte hun et internationalt kendt sexbrand under kultnavnet Katja Kean. Hun arbejdede som pornostjerne og var hovedsagligt baseret i Los Angeles i USA. Hun har også arbejdet som mainstream skuespiller i tv, da hun var en del af serien "Langt fra Las Vegas", som blev skabt af komikeren Casper Christensen. Desuden har hun haft sit eget undertøjsmærke og livsstilsbutik til kvinder baseret på sit brand. I dag er hun flyttet til Sydspanien, hvor hun er ved at åbne et boutique hotel, som hun driver sammen med sin mand. Her er værtsparret klar til at give gæsterne en kreativ og interaktiv rejseoplevelse. Desuden tilbyder Sussi online rådgivning i personlig selvudvikling. Målet er at styrke modet i mennesker, så de kan realisere deres drømme. Rådgivningen foregår via eksklusive og personlige samtaler via Skype.

Jeg havde været en offentlig person i 11 år, og nu følte jeg mig egentlig mættet af det hele. Jeg var et personligt brand, men ønskede bare at få lov til at være lidt mig selv igen. Men hvor skulle jeg gå hen? Og hvad skulle jeg arbejde med? Uanset hvad jeg valgte, ville folk genkende mig som hende pornostjernen. I et lille land som Danmark kan man ikke bare forsvinde ind i mængden. Jeg var igen fastlåst.

Derefter fulgte en lang periode med forvirring og rodløshed. Jeg var nødt til at finde et eller andet ståsted. Et holdepunkt. Jeg besluttede mig igen for at skifte et kendt miljø ud for et helt andet. Jeg søgte ind på Roskilde Universitet og begyndte at studere en Master i Oplevelsesledelse. Det var godt at komme ud af rampelyset og ind i et nyt miljø, hvor det handlede om at modtage ny viden og selv skabe ny indsigtsfuld viden. Universitetsmiljøet bestod af en masse spændende mennesker, og de år kastede mig ud i en ny og givende proces. Jeg lærte mig selv endnu bedre at kende. Jeg følte, at jeg genfandt en del af mit autentiske jeg. Måske mere end nogensinde siden min barndom og mit ungdomsliv.

Når jeg kigger tilbage på mit liv, er der ingen tvivl om, at jeg fra en tidlig alder ville have haft godt af at få noget støtte til at finde ud af lige præcis det, som jeg var god til; en rollemodel eller en form for mentor. Dermed mener jeg ikke, at jeg traf et forkert valg ved at blive hip international pornostjerne. Det var den livsproces, som jeg skulle igennem. Jeg tror på, at vi alle har vores egen vigtige rolle at spille i samfundet. Vi er alle lige meget værd – uanset hvad.

Jeg synes selv, at jeg har været sej, men jeg har også været sårbar. På trods af smerte og modgang har jeg altid været et søgende menneske med en stærk drivkraft. Jeg har lært at holde fast i mig selv, lytte til min intuition og forfølge mine egne mål på trods af, hvad alle andre måtte tænke. Jeg har forsøgt at bevare min integritet og de værdier, der er vigtige for mig for at leve et værdigt liv med mig selv i behold. I min konstante søgen efter frihed har jeg endelig mødt accepten af mig selv og andre omkring mig.

Jeg tror på, at der er en mening med alt og at vi selv er med til at skabe de barrierer, som vi nu engang måtte føle. Livet er en lang rejse, som er fyldt med processer, og sådan vil det fortsætte, indtil vi ikke er her mere. Transformation er ikke et endegyldigt mål, hvor alt er lyksaligt, men det er en livslang proces, som man skal arbejde for lykkes.

Jeg befinder mig nu atter ved et vendepunkt i mit liv. Jeg er tæt på de 50 år, og er igen klar til at skifte kurs. Jeg føler mig stadig relativt ung,

fordomme, der måtte være. Jeg tog imod udfordringen.

Da jeg kom tilbage til Danmark, blev jeg som forventet mødt med både fascination og forargelse fra alle sider. Mange danskere havde en forventning om, at jeg var en stereotyp pornostjerne – en dum, blond gås. Jeg befandt mig pludselig i et dilemma. Jeg havde jo valgt at rejse fra Danmark, fordi jeg følte mig fastlåst. Jeg havde søgt efter friheden i udlandet, og fandt mig nu selv mere fastlåst end nogensinde før. Jeg havde naturligvis selv været med til at skabe en kultfigur og et stærkt sexbrand, men jeg så også mig selv som meget mere end det.

I mange af de interviews, som jeg gav til medierne dengang, blev det ofte forventet, at jeg ville angre min fortid som pornostjerne, men det gjorde jeg ikke. Jeg havde jo bare valgt at gøre præcis det, som jeg havde lyst til, og jeg havde fået nogle vilde oplevelser for livet. Jeg blev ofte spurgt ind til, hvad jeg havde lært af at arbejde i pornobranchen, men i virkeligheden lærte jeg mere om mennesker og samfundet, efter jeg kom tilbage til Danmark. Jeg var naturligvis godt klar over, at folk ville have en forudindtaget mening om mig, men at det ville skabe sådanne emotionelle reaktioner – og endda mange år efter – er jeg faktisk blevet noget overrasket over. Det er tankevækkende, at pornografi og kvinders frie seksualitet stadig kan skabe så meget debat.

Det var en helt speciel og underholdende tid at spille med i en mainstream tv-serie, og jeg fik mange forskellige sjove arbejdsopgaver i de år. Selvom jeg var en outsider i samfundet, blev jeg alligevel anerkendt af kultureliten.

Efter tre år på tv besluttede jeg mig for at starte et undertøjsmærke baseret på mit Katja K-brand. Jeg var meget bevidst om, at jeg ønskede at skabe et tøjmærke til kvinder, der kunne identificere sig med en stærk og selvstændig, kvindelig seksualitet. Selvom jeg var en minoritet, vidste jeg, at der var en masse kvinder, der følte som mig, og det var dem, jeg gerne ville nå ud til.

Min daværende businesspartner og jeg havde meget succes med vores tøjfirma, men da finanskrisen ramte hårdt i 2008, gik vi konkurs med det hele. Jeg befandt mig nu for første gang i mit liv i en stor personlig krise. Jeg havde mistet alt. Firma, kæreste og mit hjem. På det tidspunkt var jeg netop fyldt 40 år, og nu skulle jeg til at starte helt forfra. Jeg anede ikke, hvor jeg skulle begynde. Det hele var ét stort kaos. Samtidig var jeg stadig en kendt person, som også skulle håndtere skadefro mennesker, der klappede i hænderne over min nedtur.

77

selv som en antropolog, der for en stund var på opdagelsesrejse i en vild og vovet verden.

I Danmark blev det at arbejde med pornografi set på som en underlødig hobby med semi-hotte sexoptagelser i et fodkoldt sommerhus. Jeg havde det sådan, at hvis jeg endelig skulle arbejde med noget så kontroversielt, så skulle det være med de bedste i branchen. Niveauet og kvaliteten af filmene skulle være i top, så jeg kunne stå 100 procent inde for det, jeg lavede. Jeg forventede, at der var en professionel tilgang til det visuelle såsom lyssætning, make-up og kostumer.

Det første år arbejdede jeg for europæiske produktionsselskaber, men mit egentlige mål var at skrive kontrakt med et af de større produktionsselskaber i Los Angeles. Jeg vidste, at selskaberne i Californien havde en professionel og forretningsmæssig tilgang til branchen, som tiltalte mig. Jeg skrev kontrakt med det amerikanske selskab Sin City og arbejdede også med Wicked Pictures. Vi filmede på lokationer i Paris, Moskva, Las Vegas, Thailand, Bora Bora og andre eksotiske steder.

I 1998 tog jeg en smuttur hjem til Danmark for at medvirke i to film, som var produceret af Lars Von Trier og Peter Aalbæk Jensens filmselskab Zentropa. De havde opstartet datterselskabet Pussy Power, som skulle producere pornofilm, der primært var henvendt til kvinder og par. Dogmet var mindre hardcore og mere softcore sex.

Min pornokarriere varede fra 1997 til 2000, hvor jeg medvirkede i 30 coverfilm. Jeg havde truffet vel nok et af de mest kontroversielle valg en kvinde kan tage, og jeg endte med at være på top 10-listen over verdens mest anerkendte pornostjerner. Det er jeg stolt af.

Efter at have arbejdet i pornobranchen i tre skønne år kunne jeg mærke, at jeg havde været igennem en personlig transformationsproces, men nu ville jeg videre til noget andet. Jeg afsluttede min kontrakt med det amerikanske selskab før tid, og besluttede at tage en pause. Jeg hang ud på Venice Beach i tre måneders tid, og var åben overfor det næste eventyr, der lå og ventede på mig i det ukendte.

Helt uventet fik jeg en dag et telefonopkald fra lille Danmark. Det var komikeren Casper Christensen, der spurgte, om jeg ville være med i hans nye tv-serie "Langt fra Las Vegas". Det lød super sjovt, så det havde jeg helt klart lyst til. Samtidig vidste jeg også, at hvis jeg sagde ja til det, skulle jeg hjem og møde den danske jantelov med alle de

besluttede mig derfor til udelukkende at gå efter de ting i mit liv, som jeg havde lyst til. Jeg ville mærke efter i maven og følge min intuition. Der var en stærk følelse af oprør i mig, og jeg vidste, at jeg havde brug for en stor grad af frihed.

I en periode arbejdede jeg som tjener på et større hotel i København. Her kom jeg i snak med folk fra hele verden. Efter et par år i et internationalt miljø, kunne jeg mærke, at jeg skulle væk fra det konforme Danmark. Jeg følte ikke at jeg blev udfordret nok. I starten af 1990'erne var det meget almindeligt, at unge tog på dannelsesrejser til Israel, hvor de boede i en kibbutz. Det havde jeg ikke lyst til. Jeg ville noget andet. Jeg havde en trang til at opleve en anden form for livsstil med helt andre normer og grænser.

Ved en tilfældighed talte jeg en dag med en af mine tjenerkollegaer, der havde noget familie i Sydafrika. Det land blev mit valg. To uger efter vores samtale sad jeg i et fly på vej til Johannesburg med kun 1500 kroner på lommen. Jeg var klar til et nyt eventyr og en mere farverig tilværelse. Da jeg sad i flyet på vej derned, følte jeg mig mere levende end nogensinde. Jeg var 20 år og på vej alene ud i verden på min første dannelsesrejse. Min eventyrlyst, rastløshed og evige udlængsel ledte til to helt fantastiske år langt væk hjemmefra.

Da jeg var 29 år, befandt jeg mig igen i en lignende følelsesmæssig situation med en indre uro og en stærk udlængsel. Jeg vidste, at der måtte ske noget nyt, men jeg vidste ikke hvad. Jeg savnede et anderledes miljø, hvor jeg ville kunne mærke en livsforandring af de helt store. I den periode blev jeg tiltrukket af pornobranchen. Min seksualitet har altid været meget stærk, og dengang følte jeg mig umådelig selvsikker på det område. Der var ingen tvivl eller ulyst – kun ren ekstase. Jeg var ikke tiltrukket af pornobranchen i sig selv – den interesserede mig sådan set ikke. Jeg var interesseret i selve sexmiljøet. Hvordan ville sådan et miljø se ud i forhold til normer? Og var der overhovedet nogen grænser? Jeg var fascineret af en branche, hvor man tilsyneladende havde defineret sine egne normer og grænser, som var langt væk fra det "normale" og etablerede samfund. Det miljø repræsenterede et stærkt frihedssignal for mig. Det var meget langt væk fra det tryghedsramte Danmark, hvor alle helst skulle være ens og hvor man ikke måtte træde udenfor.

Jeg besluttede mig for at kaste mig ud i mit livs mest kontroversielle eventyr. Jeg ville være international pornostjerne. Jeg havde aldrig tidligere arbejdet i sexindustrien, så det var en udfordring af de helt store. Jeg havde intet ønske om at ende som "pornopensionist". Jeg så mig

75

Sig ja til livet

Sussi la Cour

Som en lille selvstændig tøs kiggede jeg engang på mine forældres bogreol. Især én af bøgerne fangede mit øje. Det var en selvudviklingsbog med titlen "Født vinder". På omslaget var der et billede af en lille pige, der stod i strandkanten med armene udstrakt. Det så nærmest ud som om, at hun favnede hele livet med glæde. Hende kunne jeg identificere mig med. Jeg læste bogen, som omhandlede gestaltterapeutiske eksperimenter med en masse praktiske øvelser. Den bog gav mig en følelse af styrke og dermed en stærkere tro på mig selv.

Jeg er et nysgerrigt menneske, som er drevet af en indre lyst og vildskab til at kaste mig ud i det ukendte, lære af det og dermed komme videre til næste fase i livet. Det ukendte giver mig en følelse af frihed, som betyder meget for mig. Jeg har flere gange i mit liv truffet nogle både kontroversielle og udfordrende valg. Det har jeg gjort for at give mig selv et kærligt skub. Jeg siger aldrig nej til en god udfordring.

Som teenager skulle jeg ligesom så mange andre finde ud af, hvad jeg ville arbejde med, når jeg blev voksen. Jeg var tidligt skoletræt og kunne ikke vente med at komme ud i den virkelige verden. Jeg anede bare ikke, hvad jeg havde lyst til at arbejde med. En dag hørte jeg om bogen "Hvad kan jeg blive?" I den fandtes jobs fra A-Z. Jeg købte den straks og begyndte at bladre den igennem, men jeg kunne ikke finde nogle jobs, der tiltalte mig. Efter flere forgæves forsøg besluttede jeg derfor at klappe bogen i og smide den langt væk. Jeg havde en klar følelse af, at jeg ikke havde lyst til at skulle indordne mig og leve op til en prædefineret rolle i samfundet. Jeg ønskede at skabe min egen jobidentitet. Jeg

ændring, der skete fra den ene dag til den anden. I sidste ende handler det om, hvilket mindset man har.

Det har jeg lært

For at bibeholde et positivt livssyn og en positiv selvopfattelse kræver det, at vi er bevidste om vores tanker. Sommetider bliver man nødt til at træde ud af sit tankemønster og se mere objektivt på det.

Jeg har selv lært meget om mig selv og mine tanker ved at skrive dem ned. Især hvis der er noget, der har gået mig på. Det kan være en stor hjælp at formulere de tanker, der rumsterer i hovedet. Enten ved at skrive dem ned eller ved at tale med andre mennesker om dem. Det kan være svært i starten, men tro mig – det virker

Med vedholdenhed kan man nå langt. Giv aldrig op. Ligegyldigt hvor sort det så end ser ud, så husk på at enhver tilstand og enhver tanke er flygtig, og du har altid et valg.

Om forfatteren

Josephine Dahl karrieremæssige vej har peget i mange forskellige retninger. Hendes første job var i en bagerforretning, da hun var 15 år gammel. Hun gjorde det egentlig ikke for pengenes skyld, men udelukkende for at tage ansvar for sit eget liv og være lidt mere selvstændig. Dette har præget resten af hendes arbejdsliv, hvor hun blandt andet har arbejdet som kassedame i supermarked og som civil leder i forsvaret. Sideløbende med jobbet i forsvaret begyndte hun at arbejde som plus size-model. Senest har hun kastet sig over medieverdenen, hvor hun arbejder som freelancer og har taget en bachelor i Medievidenskab. Derudover har hun startet sit eget videoproduktionsfirma. Dét at tage ansvar for sit eget liv – og ikke mindst sine tanker – er i det hele taget meget vigtigt for Josephine, og hun tager det med sig i alle facetter af livet.

Kontakt: jldc@live.dk.

egenskab kunne jeg også overføre til andre situationer, som ikke var relateret til modelarbejde.

I mange år havde jeg forsøgt at holde mit liv i en form for status quo, så jeg slap for at skulle tage stilling til nye og måske angstfremkaldende ting. Af samme grund var jeg også blevet på den samme arbejdsplads i flere år, på trods af at det ikke var et arbejdsområde, som jeg var passioneret omkring. Jeg lod mig nøje med det, der var "godt nok", fordi jeg på den måde ikke var tvunget til at bevæge mig ud af min tryghedsboble. Jeg endte med at blive på min arbejdsplads i otte år. Jeg blev forflyttet et par gange på grund af besparelser og nedskæringer. Nogle af mine kolleger blev fyret, men jeg var så heldig at blive forflyttet og beholde mit job. Første gang det skete, formåede jeg at finde mig til rette det nye sted, men anden gang jeg blev forflyttet, gik jeg ned med en depression og blev sygemeldt fra arbejdet i flere måneder.

Forunderligt nok fik jeg i min sygeperiode taget mig sammen til at søge ind på universiteter i hele landet. Jeg havde absolut intet overskud til noget som helst, men jeg vidste, at jeg blev nødt til at gøre noget aktivt for at komme i gang med et nyt liv og give mig i kast med noget, som jeg rent faktisk brændte for. Så jeg ventede faktisk bare på at se, hvor terningen landede henne. Den landede i Odense. Jeg valgte langt om længe at sige mit job op, besluttede mig for at satse alt og flyttede fra København til Odense. Jeg kunne have valgt at pendle, men jeg havde brug for at starte på en frisk og bygge et helt nyt liv op. Det skulle vise sig at blive den bedste beslutning, jeg nogensinde har taget, for den blev starten på det liv, jeg har i dag.

Jeg har aldrig været gladere. Endelig beskæftiger jeg mig med noget, som jeg rent faktisk er passioneret omkring og noget, som gør mig glad. Jeg er snart færdig med min bacheloruddannelse i Medievidenskab og har startet mit eget videoproduktionsfirma. Derudover har jeg nu arbejdet som model i seks års tid. Kort tid efter jeg begyndte at arbejde som model, blev jeg tilknyttet et modelbureau. Hvad der i starten bare var en sjov bibeskæftigelse, skulle vise sig at blive en reel karriere. Efterhånden vænnede jeg mig til at være foran et kamera, og ikke mindst så vænnede jeg mig til at føle mig godt tilpas i min krop. Lidt efter lidt forsvandt følelsen af at være forkert, og jeg fandt ud af, at jeg rent faktisk var god nok, præcis som jeg var. Jeg behøvede ikke at ændre noget som helst. Men én ting, som jeg rent faktisk ændrede, var den måde, jeg tænkte på og ikke mindst opfattede mig selv på. Selvsagt var det ikke en

nogen former for fastfood, og jeg begyndte at træne flere gange om ugen. Noget som jeg ellers aldrig havde gjort før.

Kiloene begyndte at rasle af mig, og jeg kunne mærke, hvordan håbet gradvist kom tilbage til mig. Efterhånden som jeg tabte mig, begyndte jeg også at få det bedre med mig selv, og livet så ikke lige så sort ud, som det ellers havde gjort i mange år. Jeg havde endelig fundet mig selv igen. Endelig havde jeg fundet frem til den krop, som jeg kunne stille mig tilfreds med. I hvert fald nogenlunde tilfreds. Jeg havde tabt mig en masse kilo – 25 kilo for at være helt eksakt – men det var ikke nok. For jeg havde jo stadig det uopnåelige mål i hovedet, at jeg ville ligne en af de modeller, som ikke havde ét eneste gram fedt for meget på deres krop.

Et par år efter blev mit ideelle kropsideal dog udfordret, for jeg blev nemlig spurgt, om jeg havde lyst til at være plus size-model for et dansk tøjfirma. Det var slet ikke noget, jeg tidligere havde overvejet at give mig i kast med. Jeg var 24 år og arbejdede på det tidspunkt som administrativ medarbejder i forsvaret, så da jeg fik tilbudt et job som model, tænkte jeg som udgangspunkt, at det da kunne være meget sjovt at prøve. Om ikke andet var det en oplagt mulighed for at lave lidt andet end at sidde foran en computerskærm hele dagen.

I starten vidste jeg ikke helt, hvad det var, jeg lavede foran kameraet. Jeg anede ikke, hvor jeg skulle gøre af mine arme og ben, og jeg kunne slet ikke finde ud af at komme med et modelagtigt ansigtsudtryk med luft mellem læberne, for det var dybt unaturligt for mig, eftersom jeg aldrig havde prøvet noget lignende. Jeg var på dybt vand, hvilket er tydeligt at se, når jeg kigger på billederne i dag. Én ting var, at jeg ikke vidste, hvad jeg skulle stille op med min krop og ansigtsudtryk, men en anden ting var, hvad der foregik på det mentale plan, for jeg var endnu ikke 100 procent tilfreds med, hvordan jeg så ud. Selvfølgelig havde det hjulpet på det, at jeg havde tabt mig, men jeg var endnu ikke overbevist om, at jeg havde den krop, som jeg burde have. Og her er det vigtige ord "burde", for i mit hoved burde jeg jo veje endnu mindre, end jeg gjorde. Jeg havde endnu ikke nået mit originale mål – ergo måtte jeg stadig være forkert. Men jeg stoppede ikke med modelarbejdet af den grund.

Selvom det i lang tid føltes unaturligt for mig at stå i rampelyset og blive bedømt fra top til tå, så fortsatte jeg. Blev ved med at skubbe mine grænser, og efterhånden fandt jeg ud af, hvordan jeg skulle navigere i forskellige situationer, når jeg var uden for min komfortzone. Denne nye

ytre min ærlige mening om noget, fordi jeg var så helt igennem usikker på mig selv. Turde knapt nok at tale med nogen. Jeg blev ved med at fortælle mig selv, at jeg ikke var værd at tale med. At jeg ikke havde noget værdifuldt at bidrage med. Og at jeg ikke var værd at elske.

Jeg kan huske, at jeg så gerne ville høre til blandt de populære i klassen. Jeg så meget op til dem og forstod slet ikke, hvordan de kunne være så helt igennem tjekkede og ligeglade med, hvad andre tænkte om dem. De snakkede bare derudad – og de var så glade. I hvert fald udadtil. Jeg higede virkelig efter at blive ligesom dem. Men hvorfor kunne jeg ikke bare være mig selv? Uden at tænke så meget over, hvad andre tænkte om mig. Jeg følte mig konstant forkert. Mest af alt fordi jeg sammenlignede mig selv med andre og fokuserede på de områder, hvor jeg syntes, at de andre var bedre end mig. Men det var alt sammen noget, jeg bildte mig ind. Det kan jeg se i dag.

Et tilbagevendende tema i mit liv var, at jeg gerne ville være som alle de andre. Jeg ville gerne være normal. Men hvad vil det egentlig sige at være "normal"? I princippet er det gennemsnittet af, hvordan mennesker ser ud, agerer osv. Men "normal" er blevet et begreb, som er meget subjektivt. Det, jeg synes, er normalt, kan opfattes helt anderledes af andre mennesker og vice versa. Vi bliver i høj grad påvirket til at tro, at noget bør være på den ene eller den anden måde via diverse medier. Eksempelvis var jeg i gymnasietiden overbevist om, at jeg skulle se ud som en meget slank og tilsyneladende "perfekt" Victoria's Secret-model for at blive lykkelig. Men det var igen noget, som jeg bildte mig selv ind. Det vidste jeg dog ikke på daværende tidspunkt, så jeg fortsatte med at være ked af mig selv og mit udseende.

Men en dag skete der noget uforklarligt. Jeg vågnede så at sige op fra min døs. Stillede mig op på badevægten som så mange gange før, men denne gang var jeg nået et stykke over de 100 kilo, og pludselig ramte jeg et punkt rent mentalt, som jeg aldrig havde oplevet før. Hidtil havde jeg nærmest opgivet ævred og tænkt, at jeg alligevel var så stor og grim, at jeg lige så godt kunne give op. Men da jeg så de tre cifre på badevægten, skete der noget. Det gik op for mig, at jeg simpelthen blev nødt til at hjælpe mig selv ud af den depressive og selvdestruktive tilstand, som jeg befandt mig i. Det var ikke lige akkurat de ord, der fløj gennem min hjerne i det moment, men jeg erkendte, at jeg havde et problem og indså, at det kun var mig selv, som kunne hjælpe mig ud af den tilstand. Så fra den ene dag til den anden stoppede jeg med at spise

Inderst inde håbede jeg, at min mor selv ville finde ud af, hvad min far havde gang i på arbejdet. Så ville jeg i hvert fald ikke være skyld i, at alt ramlede. Og så behøvede jeg ikke længere at gå rundt med den viden alene. Derfor var det en kæmpe lettelse, da hun et lille år efter på en grå og trist novemberdag spurgte, om jeg havde oplevet nogle "underlige ting inde på klinikken". Vi sad i bilen og var egentlig på vej ud for at købe ind, så det kom som et lyn fra en klar himmel. Jeg var slet ikke forberedt på det, men jeg gjorde, hvad der føltes naturligt i det øjeblik. Jeg brød fuldkommen sammen og fortalte hende alt, hvad jeg havde set. Et splitsekund efter satte vi kurs mod klinikken. Jeg glemmer aldrig, hvordan vi helt automatisk stillede os op mod hinanden i to hold; far og Mariann på den ene side, mor og mig på den anden. Endnu en gang var jeg fanget. Midt i det hele. Og rigtigt nok – nu ramlede det.

Fra den ene dag til den anden blev vores liv forandret. Hvad, der førhen havde virket som en idyllisk kernefamilie, var pludselig forvandlet til det rene ragnarok. Mine forældre kunne ikke være i det samme lokale uden at skændes og slås. Sådan blev det ved i et par år. I samme periode begyndte min mor at drikke tæt. Alkoholen var hendes flugt fra virkeligheden. For mig var det maden. Når jeg ikke kunne holde ud at være derhjemme, tog jeg toget ind til København og fandt et sted at spise – helst et sted med buffet, så jeg kunne dulme mine psykiske smerter i længere tid ad gangen. Derefter tog jeg gerne i biografen. Helt specifikt så jeg "Ringenes Herre – Eventyret om Ringen". Jeg vil tro, at jeg så den fem-seks gange. Den varede over tre timer, så det var en anden rigtig god flugt for mig. Og selvfølgelig var jeg akkompagneret af sodavand, popcorn og slik i lange baner. Når filmen var færdig, fandt jeg som regel endnu et sted at spise. Jeg ville gerne forlænge min flugt så meget som overhovedet muligt. Til sidst vendte jeg så snuden hjemad. Hjem til kaosset.

Disse flugtture tog jeg ofte på. Sommetider gik turen også til Tivoli, hvor jeg elskede at drømme mig væk ved at prøve diverse forlystelser og ved at sidde på en bænk og observere glade familier. Det var, som om at jeg ikke var en del af den samme verden, som de levede i. Som om jeg stod udenfor og blot kiggede på – lidt ligesom den lille pige med svovlstikkerne.

Gymnasietiden bankede på døren, og jeg fortsatte med at stå udenfor og se på, mens mine klassekammerater levede livet. De festede, fik kærester, og hvad alle "normale" teenagere nu gør. Men jeg var ikke normal. Jeg bildte mig selv ind, at jeg var fed og grim – og jeg turde ikke

Vi kan ændre vores liv ved at ændre vores tanker

Josephine Dahl

Jeg hjalp til på min fars klinik, som jeg så ofte før havde gjort i mine skoleferier. Men i dag var anderledes. Jeg havde egentlig vidst det hele tiden. Min intuition havde allerede fortalt mig det. Der var noget helt galt mellem far og Mariann – lægen og sekretæren. Selvom jeg kun var 13 år, vidste jeg det. Men altså, tegnene var også ret tydelige. Mariann fodrede min far med chokolade og opførte sig meget forførende overfor ham. Jeg havde lyst til at flygte, men jeg var fanget. Midt i min fars affære.

Jeg kunne mærke, hvordan min vrede blev bygget op indvendigt. Samtidig fik jeg også bygget mod op til at konfrontere min far med affæren. På vej hjem i bilen sagde jeg: "Far, jeg synes, at du skal lade Mariann være." Stilhed. "Hvad mener du dog med det?" svarede han. Jeg genkendte straks hans blik. Det hidsige blik, som jeg havde set så mange gange før. Jeg vidste, at der ikke ville gå længe, før han eksploderede af raseri. Forsigtigt fortalte jeg ham om nogle af de ting, jeg havde hørt og set inde på klinikken, og pludselig begyndte han at hamre på rattet i ren arrigskab. Efter noget tid kørte han ind på en rasteplads og sagde: "Lad os lige tale det her igennem." Han bad mig endnu en gang om at forklare, hvad jeg havde oplevet. Denne gang gik jeg mere detaljeret til værks. Undervejs rystede han på hovedet og sagde, at det var mig, der var skør. Til slut sagde han: "I øvrigt, så lad være med at fortælle noget som helst til mor – så ramler det hele." Derfor undlod jeg selvfølgelig at fortælle min mor, hvad jeg havde oplevet.

Om forfatteren

Ole Wessung er uddannet kiropraktor og har arbejdet med adskillige nationale og internationale sportsklubber, både inden for fodbold, håndbold, ishockey, tennis og sejlads. Udover arbejdet med almindelige kiropraktiske problemstillinger og sportsskader, arbejder han også målrettet med virksomhedssundhed. Over årene har han haft sine egne kiropraktiske klinikker og opstartet flere virksomheder, herunder Bycyklen i København, Sweat Shop, Willis Health Care og Falck Health Care. I dag er han medstifter, ejer og direktør for sundhedsklinikken "360sundhed". Desuden er han coach og holder foredrag om blandt andet ergonomi, optimal løbetræning og personlig udvikling. Hans mission er at få danskerne til at stå op flere timer om dagen. Han vil skabe et paradigmeskifte på linje med cykelhjelmen, skihjelmen og rygestoppet, som alle har ændret helt grundlæggende på vores sundhed og sikkerhed. Potentialet er at få danskerne til selv at påvirke deres sundhed på en helt enkel måde.

www.360sundhed.dk

måle, hvor mange timer vi sidder ned i døgnet. Dengang sad vi to timer i døgnet. I dag sidder vi ned mellem 12 og 14 timer i døgnet. Vores stillesiddende timer er ganske enkelt steget eksplosivt. Interessant nok er vores medicinforbrug steget tilsvarende meget i samme periode. Når vi sidder ned, presser vi på organerne, så blodet løber mindre frit. Det kan skabe forhøjet blodtryk, diabetes, overvægt, tarmkræft og en lang række andre meget udbredte sygdomme, som vi normalt forbinder med usund livsstil eller sort uheld, men som vi meget effektivt kan forebygge simpelthen ved at rejse os mere op.

Folk bliver altid overraskede over, hvor stor den fysiske og psykiske effekt er af at stå mere op, men vores vaner er stærke og mageligheden stor. Derfor har jeg gjort det til min mission at få danskerne til at stå mere op. Vi er simpelthen nødt til at ændre kurs. Hvis vi ikke rejser os, er konsekvenserne uoverskuelige. Vi er jo bygget til at stå op og bevæge os hele dagen, og det er på tide, at vi kommer tilbage på det spor. Når først vi forstår, hvor meget vi selv er herre over, sker der en revolution på sundhedsområdet. Potentialet er uendeligt stort.

Det har jeg lært
- Uanset hvad der rammer dig, så skal din første tanke være, at det bliver spændende at se hvad, godt der kommer ud af det.
- Sidder du i lort til halsen, skal du ikke hænge med hovedet, for så får du også lort i munden.
- Uanset hvad dit mål er, så sørg for, at vejen derhen bliver sjov.
- Hav tillid til tilfældighederne, for der kommer en forklaring på det, der sker.

ikke kan gøre noget ved, så er der heller ingen grund til at bekymre dig." Den indstilling er sikkert grunden til, at jeg ikke tager problemerne så tungt. Jeg har mere fokus på at have det sjovt.

På mit natbord ligger et klaptræ af den slags, som instruktører bruger, når de optager spillefilm. Jeg bruger det til at minde mig selv om at leve livet. Når jeg vågner om morgenen, så sætter jeg scenen for min egen film. Jeg er instruktøren, som vælger, hvordan min dag skal være. Den skal sjovt nok altid være god. Jeg tror på, at hvis vi selv er glade og tilfredse, så kan vi gøre andre mennesker glade og tilfredse. Man kan vel kalde det for en slags positiv egoisme.

Da jeg startede på universitetet i USA som smart 21-årig københavner, blev jeg noget overrasket over en opgave, som vi blev bedt om at skrive i filosofi. Vi skulle bruge 10 timer på at skrive den tale, som vi gerne ville have, at vores børn skulle holde til os på vores 50 års fødselsdag. Jeg beskrev en person i talen, som jeg var ret stolt af. Da jeg viste den til min filosofilærer, sagde han: "Brug den som en rød tråd, og når dine børn forhåbentligt har holdt den, kan du begynde at overveje, hvad der skal stå på din gravsten." Jeg kan med stor stolthed sige, at mine børn holdt "min" tale, og på min gravsten skal der stå: "Han gjorde en forskel – både for sig selv og andre."

Rigtig mange af mine klienter peger et sted på kroppen og siger: "Det er der, jeg har ondt. Hjælp mig". Men en kiropraktor kan per definition kun symptombehandle. Årsagen til problemet ligger i adfærden hos den, der har ondt. Desværre ser jeg en tendens til, at lægerne bruger lige akkurat ét sekund på adfærdsændring i samtalerne med deres patienter. De vil hellere udskrive medicin end at gribe fat i problemernes rod. Patienterne bliver bildt ind, at de ikke har noget ansvar. Derfor tager de ikke noget ansvar, og derfor bliver de mere og mere syge.

I mine øjne er vi nødt til at ændre tilgangen til vores egen sundhed. Løsningen er heldigvis enkel og lige til at implementere. Det mest effektive, vi kan gøre for vores egen sundhed, er at stå mere op og sidde mindre ned. Hvis vi står op fem timer mere hver dag bare fem dage om ugen, vil vi tabe os, føle os mere lykkelige, få vores hjerne til at arbejde hurtigere og komme mere friske hjem fra arbejde. På et år vil vi faktisk forbrænde flere kalorier, end hvis vi løber 10 maratons. Det svarer til syv kilo i rent vægttab.

Det lyder måske af meget at stå op 25 timer mere om ugen, men hvis man kigger historisk på, hvor meget vi sidder ned nu i forhold til tidligere, bliver tallet sat lidt i perspektiv. I 1960 startede man med at

Jeg opfordrer altid folk til at følge deres drømme og passion. Mange tror fejlagtigt, at verden bryder sammen, hvis de ikke møder op på arbejde den næste dag, men sådan forholder det sig ikke. Vi er alle sammen betydningsfulde, men ingen af os er uundværlige. Når min morfar og jeg skulle ud og have frisk luft, foreslog han altid, at vi gik ud og spillede fodbold med de overflødige på Assistens Kirkegård. Dengang fattede jeg ikke, hvad han snakkede om, men i dag forstår jeg tydeligt, hvad han mente. Vi kan lige så godt have det sjovt, mens vi er her. Når vi åbner øjnene for verden, så vil vi opleve, at den ligger for vores fødder.

Jeg har altid været opmærksom på at gribe de muligheder, der er opstået i mit liv. Flere af mine virksomheder er opstået på baggrund af en tilfældig idé, som jeg har udviklet videre på. Det var tilfældet med Bycyklen, som jeg udtænkte en sen nat på vej hjem fra byen. Min cykel var netop blevet stjålet for femte gang, og der var ingen taxa at spore i miles omkreds. Mens jeg pønsede på at stjæle en anden mands cykel, gik det op for mig, hvor tåbeligt det var, at vi sådan gik rundt og stjal hinandens cykler om natten. Tænk hvis der var gratis cykler til rådighed, som vi kunne låne.

Sammen med min ven, Morten Sadolin, udviklede jeg en forretningsplan for Bycyklen. Alle var vilde med idéen, men af forskellige årsager måtte vi kæmpe med København Kommunes i flere år, før vi kunne føre idéen fra tanke til handling. I de samme år kom der mere og mere interesse for Bycyklen fra international side. Jeg blev interviewet i Tokyo Radio. Jeg cyklede rundt med Kylie Minogue i et fjernsynsprogram til BBC. Jeg overrakte sågar en bycykel til Bill Clinton. Hele verden troede, det væltede med bycykler i København, men realiteten var en anden. Til sidst var det så pinligt for Københavns Kommune, at der ikke fandtes en eneste bycykel i gadebilledet, at de besluttede at tage konceptet til sig og føre det ud i livet.

Jeg kunne have valgt at opgive Bycyklen flere gange undervejs i den langstrakte proces, men jeg knoklede for at udleve drømmen af den simple årsag, at jeg mente konceptet havde sin berettigelse. Lidt modstand skulle ikke stoppe mig. Man bliver jo heller ikke en bedre cykelrytter af at køre nedad bakke i medvind. Selv da vi blev presset så hårdt økonomisk, at vi endte med at gå konkurs, kæmpede jeg videre. Jeg har altid været meget inspireret af Dalai Lama, som siger: "Hvis der er noget, der bekymrer dig, som du kan gøre noget ved, så er der ingen grund til at bekymre dig. Hvis der er noget, der bekymrer dig, som du

42 år, jeg har lavet syv ironman, løbet 10 maratons og vil lave en ironman hvert år resten af mit liv. Akkurat som jeg havde svoret.

Det var hverken første eller sidste gang, at jeg brækkede en knogle i min krop. Med ganske få undtagelser er det sket hvert år igennem hele mit liv. Det er bestemt ikke noget, jeg stræber efter bevidst. Det sker bare. Senest brækkede jeg min hofte på Mallorca, hvor jeg var nede og lave en ironman. Jeg var uopmærksom et øjeblik på cyklen og overså et hul på vejen. Mens jeg lå på asfalten og ventede på ambulancen, bandede og svovlede jeg over min situation. Jeg tænkte på de mange måneders genoptræning og det smertehelvede, der ventede forude. Der gik dog ikke mange minutter, før jeg skiftede fokus. Jeg havde da egentlig kørt ret imponerende på Mallorca. Det ville slet ikke blive noget problem at kvalificere mig til ironman på Hawaii. Måske kunne jeg bruge erstatningen fra forsikringsselskabet til at købe en bedre cykel, som jeg kunne køre endnu stærkere på. Sygeplejerskerne var henrykte over at få en patient indlagt, som forsøgte at få det bedste ud af situationen. Livsindstillingen har jeg med mig fra min morfar, hvis visdom stadig spiller en stor rolle for mig. Han lærte mig, at uanset hvad der rammer mig, så skal min første tanke være, at det bliver spændende at se, *hvad* godt der kommer ud af det – ikke *om* der kommer noget godt ud af det. Den læresætning er der mange, der kunne have gavn af at efterleve.

Jeg tror på, det er vigtigt, at vi udvikler os hele livet igennem. I mine øjne er det værste, der kan ske, at der ikke sker noget. Jeg keder mig, når jeg er sammen med folk, som taler selvforherligende om deres liv uden at reflektere over, hvor de er på vej hen. Til en middag blev jeg engang plantet ved siden af en advokatkvinde, der var så stram i betrækket, at hun var helt spændt i ansigtet. Med fare for at blive stemplet som den dårligste bordherre i selskabet, sagde jeg til hende: "Jeg gider ikke høre, hvad du laver – det interesserer mig simpelt hen ikke – og jeg gider heller ikke fortælle, hvad jeg laver. Ved du hvad, der til gengæld interesserer mig? Hvad skal du lave, når du er færdig med at lave det, du laver nu? For det skal du vel ikke lave resten af dit liv?" Først blev hun overrasket over min direkte facon, men så lyste hun op i øjnene og blev helt rund i ansigtet. "Så vil jeg åbne en blomsterbutik." Jeg smilede til hende, mens jeg sagde: "Så ved jeg lige, hvor den skal ligge." På min cykeltur tidligere samme dag havde jeg set en fed hjørnebutik til salg, som ville egne sig perfekt til en blomsterbutik. På selvsamme hjørne ligger i dag en blomsterbutik, som er ejet af min borddame.

63

overlægen, om vi ikke snart skulle få noget gips på mit ben. Det var allerede september måned og hockeysæsonen ventede ikke ligefrem på mig. Jeg glemmer aldrig hans svar: "Du kommer aldrig nogensinde til at gå uden krykker, og jeg tror slet ikke, at vi kommer til at redde dit ben." Jeg så mig selv i en rullestol med et bukseben, der sad og flagrede der, hvor benet skulle have været. Det skulle være løgn.

Overlægen og jeg skændtes konstant i de tre måneder, jeg var indlagt. Han blev ved med at påstå, at jeg aldrig kom til at gå igen uden krykker. Jeg påstod, at jeg ville blive stærkere end nogensinde før, hvis bare han fik nosset sig sammen til at operere mit ben. Det var frustrerende at ligge lænket til sengen, mens han kunne gå til og fra vores diskussioner. En dag tog jeg i afmagt min urinkolbe og kastede efter ham, da han var på vej ud af stuen. Hans hvide uniform blev helt gul på ryggen, men han lod sig ikke mærke med noget. Rettede sig blot op og forsvandt ud af døren. Dagen efter kom der en polsk læge ind på min stue og fortalte, at han skulle operere mig. Hans lange hestehale drev af fedt og han havde bumser i hele hovedet. Jeg overvejede et kort sekund, om det var overlægens straf at sætte en nyuddannet læge til at operere mig. Jeg bad desperat den unge læge om ikke at save mit ben af. Det lovede han mig, at han ikke ville gøre. Da jeg vågnede igen efter narkosen på opvågningsstuen, havde han samlet puslespillet i mit ben. Alt tydede på, at jeg ville komme til at gå fint igen.

Et år efter min operation løb jeg mit første halvmaraton på en time og 45 minutter. Længe efter at jeg havde passeret målstregen, kom der en anden mand halsende i mål. Jeg genkendte ham med det samme. Det var overlægen, som havde påstået, at jeg aldrig ville komme til at gå igen. Jeg gik over til ham. Først kunne han ikke kende mig, men da jeg pegede ned på mit ben, som var fyldt med ar efter operationen, faldt brikkerne på plads. Jeg klappede ham på skulderen og sagde: "Det er fantastisk. Man skal bare tro på det. Hvad tid løb de på, Hr. Jørgensen?" Han måbede.

Ulykken fik mig til at indse, at vi er skrøbelige som bare fanden, men den fik mig også til at forstå, hvor vigtigt det er, at vi lever livet, mens vi har det. Min morfar sagde altid: "Sidder du i lort til halsen, skal du ikke hænge med hovedet, for så får du også lort i munden." Den sætning sad dybt i mig under min indlæggelse. Andre ville måske have lænet sig tilbage i hospitalssengen og troet på lægens dom. Jeg kæmpede mig tilbage til livet med hård genoptræning og blev stærkere end nogensinde før. Jeg kom tilbage og spillede ishockey på eliteplan helt frem til jeg var

Vi skal op at stå

Ole Wessung

Han ramte mig med 110 km i timen. Nu lå jeg midt i lyskrydset med et ben, der var brækket ni steder. Knoglerne stak i alle tænkelige retninger. Jeg kunne ikke få øje på min motorcykel. Jeg havde sat af på baghjulet, da det blev grønt. I samme sekund blev jeg ramt af en bil, som kørte over for rødt. Det var kun fordi, jeg var hævet over jorden, at bilen ikke fik ram på resten af min krop. Tænk sig at det havde reddet mit liv at spille smart på ét hjul.

Mens jeg blev kørt i ambulance til Bispebjerg hospital, lå jeg og reflekterede over mit liv. Jeg var 26 år og netop hjemvendt fra USA, hvor jeg havde taget en uddannelse som kiropraktor. Fra mandag til fredag havde jeg fast arbejde på en klinik i Holbæk. I weekenden fyrede jeg den af med mine venner. Vi boede sammen i et stort hus ned til Holte sø. Her levede vi som konger. Jeg havde den smukkeste kæreste. Livet var en fest. Gad vide om ulykken var en straf, fordi jeg var lidt for højt på strå?

På hospitalet lå jeg på en stue med syv andre patienter. Gennemsnitsalderen var et sted midt i halvfjerdserne. Det var ikke ligefrem opmuntrende selskab, men jeg havde heldigvis fået en vinduesplads, så jeg kunne kigge ud. Fredag og lørdag kom mine venner forbi hospitalet og drak øl med mig, inden de tog videre i byen. I samme forbindelse fik de fyret lidt op under de gamle nisser på stuen.

Før min ulykke havde jeg købt helt nyt ishockeyudstyr. Jeg havde besluttet at give min træning en ekstra skalle, så jeg kunne komme til at spille i eliteserien. På tredjedagen af min indlæggelse spurgte jeg

Anette har en unik tilgang til de mennesker, hun samarbejder med. Hendes brede faglige viden gør, at hun præcist kan vælge de arbejdsmetoder, der giver størst udbytte i den konkrete situation, og altid med autenticitet, indlevelsesevne og respekt for den enkelte. Anette brænder for at selv at være i udvikling og dygtiggøre sig. Hun er uddannet indenfor coaching, psykologi, kognitiv terapi, mindfulness, passion og målsætning. Derudover har hun blandt andet læst forandringsledelse og kommunikation, og taget en folkeskolelæreruddannelse, en regnskabsuddannelse og flere uddannelser og kurser indenfor krop og bevægelse.

www.AnetteFlamand.dk

gør det bedste, jeg kan, men nogle henviser jeg til min tidligere psykolog, da jeg ikke føler mig dygtig nok. Psykologen reagerer med at fortælle mig, at jeg er dygtig og har gjort, hvad der skal gøres. Hun behøver blot at tage en enkelt samtale med dem, og hun foreslår, at jeg fremover prøver at afslutte forløbene selv.

På det tidspunkt bliver jeg ofte spurgt om, hvad det er, jeg gør og kan, men jeg kan ikke svare på det, indtil jeg en dag læser en bog om coaching. Dér går det op for mig, hvad det blandt andet er, jeg kan. Den dag tager jeg en stor beslutning. Efter 11 år som lærer siger jeg mit job op, tager coachuddannelsen for at have papir på, hvad det er, jeg kan, og starter eget firma. Igen oplever jeg, at nogle synes, det er en dårlig idé, men jeg er helt sikker i min sag.

Jeg laver ikke en niche, som det anbefales på coachuddannelsen, og jeg coacher både venner og venners børn, selv om det frarådes. Jeg gør det, jeg hele tiden har gjort, og som livet har lært mig: Jeg følger min mave, gør mig umage og gør brug af den brede faglighed og menneskelige indsigt, jeg har erhvervet mig gennem min livslange uddannelse. Jeg udfordrer mig selv ved løbende at dygtiggøre mig, og er dermed selv i udvikling og kan give læringen videre til andre. Og min mave? Den har det fantastisk!

Det har jeg lært

- Lyt til din mavefornemmelse og mærk efter hvad der gør dig glad. Du bliver ikke lykkelig af at forfølge andres drømme.
- Vær ikke bange for at tage omveje i jagten på at finde din vej frem i livet. Du kan allerhøjst risikere at blive klogere undervejs.

Om forfatteren

Anette Flamand er indehaver af Anetteflamand ApS og har siden 2007 hjulpet privatklienter, virksomheder og kommuner ved hjælp af coaching, terapi, bevægelse, kurser, seminarer og foredrag. Hendes passion er at hjælpe mennesker derhen, hvor de allerhelst vil være. Hendes udgangspunkt er, at tør vi lytte til os selv, følge vores mavefornemmelse og være autentiske, opnår vi styrke og livsglæde.

Min flid belønnes. Jeg bliver udnævnt til skolens bedste elev, og da jeg modtager blomster af skolens leder, sender jeg en venlig tanke til revisoren, som ubevidst lærte mig, at jeg skal gøre mig umage, uanset hvad jeg beskæftiger mig med. Derefter bliver jeg ansat i Spies, og de næste to år arbejder jeg som guide og airguide på Kreta og i London. Det er to fantastiske år. Jeg udlever min passion for at rejse, lærer igen meget om mennesker og hvordan jeg bedst kan hjælpe dem, og jeg opdager, at jeg er god til at undervise og gøre tørt, teoretisk stof levende.

Da jeg er tilbage i Danmark, gør jeg status over, hvilke vigtige ting jeg har lært gennem mine forskellige jobs og den anerkendelse, jeg har fået, men mit selvværd er stadig meget lavt. Jeg oplever en tilbagevendende knude i maven, fordi jeg er bange for ikke at være god nok, og jeg bruger meget energi på at tænke over, hvad andre tænker. Da jeg bliver gravid, beslutter jeg, at jeg er nødt til at arbejde med selvværdet, fordi jeg nu får ansvaret for at lære det videre, og jeg bestiller tid hos en psykolog.

At arbejde med mig selv er den hårdeste, men også den mest givende uddannelse jeg har taget i mit liv. Jeg bruger et år hos psykologen og læser sideløbende alt, hvad jeg kan komme i nærheden af, der omhandler psykologi. Langsomt får jeg arbejdet med mit selvværd og begynder at anerkende mig selv, som jeg er, uanset hvad andre tænker. På det tidspunkt er jeg startet i uddannelse som revisorassistent, og jeg oplever igen, at jeg er god til at tale med mennesker. Jeg bliver brugt som lommepsykolog og er god til at forklare regler og undervise andre i bogføring og andet teoretisk stof.

Efter en årrække får jeg problemer med ryggen, og i et halvt år kan jeg kun stå og ligge. Jeg må erkende, at jeg ikke kan tåle et arbejde, som er overvejende stillesiddende. Mine kunder og omgangskreds foreslår, at jeg skal undervise, og for at prøve det af søger jeg ind som vikar på en skole. Her opdager jeg, at jeg er vild med at undervise og rigtig god til at hjælpe eleverne i deres udvikling. Jeg bliver fastansat som lærer, og tre år efter begynder jeg på læreruddannelsen. Min ryg har det bedre, men da jeg af fagfolk har fået at vide, at jeg skal rygtræne resten af mit liv, tager jeg endnu en beslutning. Hvis det er noget, jeg skal, kan jeg lige så godt gøre det til mit arbejde, så jeg tager flere forskellige uddannelser indenfor bevægelse og begynder at undervise børn, kvinder og pensionister.

Mens jeg arbejder som lærer, er der flere og flere, der beder om min hjælp til at få det bedre psykisk eller til at blive en bedre udgave af dem selv og nå deres mål. Jeg taler med mennesker i alle aldre og erhverv. Jeg

og måder at leve på, og beslutter mig for selv at blive lastbilchauffør. På den måde kan jeg se verden og tjene penge samtidigt.

Jeg tager en otte-ugers chaufføruddannelse på Landtransportskolen og kommer i klasse med 11 mænd. En af mændene, som altid har en Harley-hue på, kan ikke udstå synet af mig. Han gør mig konstant usikker på mig selv, og hver morgen siger han nedladende: "Hvorfor er du her også i dag?" Natten før vi skal på køreteknisk anlæg, lukker jeg ikke et øje, fordi jeg tænker på alle de historier, der florerer om, hvor galt det kan gå. På selve dagen, da vi skal køre op af en stigning belagt med is, lukker Harley-hatten min bildør med ordene: "Vi ses i grøften." Sådan går det heldigvis ikke. Jeg kører fejlfrit op ad bakken, og alle klapper af mig, mens Harley-hatten skrider ud og ender med at køre af banen. Den dag lærer jeg to meget vigtige ting; jeg er ikke synsk og skal ikke bruge min tid på katastrofetanker, for jeg kan alligevel hverken gøre fra eller til. Og "karma is a bitch", så behandl altid andre, som du selv vil behandles.

Efter otte uger kan jeg kalde mig uddannet lastbilchauffør og køre ud i Europa, men jeg opdager hurtigt, at det er et ensomt arbejde. Jeg bliver træt og energiforladt, og det er på de tyske motorveje, det går op for mig, at jeg samler energi ved at være sammen med andre mennesker.

Min drøm om at se verden er uforandret, så året efter beslutter jeg mig for, at jeg vil være guide og søger ind på Spiesskolen på Mallorca. Jeg glæder mig, men når jeg fortæller andre om, hvad jeg skal, får jeg ikke kun positive reaktioner. Nogle reagerer hånligt og fortæller mig, at det er en dårlig idé, for med 200 elever og kun omkring 20, der bliver ansat, skal jeg ikke regne med at få et job. Igen er det andre mennesker, der gør mig usikker, for hvad nu hvis jeg ikke er god nok? Den ene tanke tager den anden, men på et tidspunkt bliver jeg bevidst om, at jeg i hvert fald ikke får et job af at tænke sådan, og at jeg er nødt til at prøve det af. Nogle skal jo ansættes, og hvis jeg gør mig umage, kan det jo være mig.

Jeg sover ikke meget i de otte uger, Spiesskolen varer. Jeg gør mig umage, er flittig og er på hele tiden. Jeg øver udflugter og præsentationer ved at stå foran spejlet med en hårbørste i hånden, der skal udgøre det for en mikrofon, og jeg træner det meget vigtige at pege til venstre, når jeg siger: "Se ud til højre". Jeg terper emergency og flyveregler, og jeg øver cabaret. Det med at optræde er ikke noget, jeg havde forestillet mig, jeg skulle være med til, men det går hurtigt op for mig, at hvis jeg skal "opdages", er jeg nødt til at være synlig både teoretisk og socialt.

57

mig end penge. Det er langt mere interessant at stå i en pølsevogn på Nørrebrogade. Jeg hader at køre vognen fra garagen til pladsen, men jeg kan godt lide, at kunderne bruger mig som lommepsykolog. For at blive klogere på mig selv og mit manglende selvværd er jeg begyndt at læse alt, hvad jeg kan komme i nærheden af, der omhandler psykologi og menneskelig udvikling. Derfor bliver det endnu mere interessant at høre om kundernes liv.

I en kort periode er jeg ansat hos en revisor, men hun er ustruktureret, sjusket og laver hele tiden fejl, hvilket betyder, at jeg skal lave mit arbejde om mange gange. Jeg bliver flov, usikker og får den velkendte knude i maven, når kunderne kommer forbi og ikke kan få deres materiale, og jeg lover mig selv, at uanset hvad jeg laver i mit liv, vil jeg gøre mig umage. Jeg begynder at se mig om efter et andet job.

Mit næste job får jeg gennem en klassekammerat, som jeg går på spanskkursus med. Hans søster mangler en afløser i sin forretning, men i min iver glemmer jeg at spørge, hvad det er for en forretning. Derfor er det lidt af et chok, da jeg møder op i Istedgade og opdager, at jeg skal sælge lak- og lædertøj og forskelligt sexlegetøj. Min første indskydelse er at bakke ud. Søsteren får dog overbevist mig om, at det ikke er anderledes end at sælge æbler og appelsiner, men jeg opdager hurtigt, at hun tager fejl, for det er anderledes – det er sjovere!

Det er en ny og ukendt verden, jeg er kommet ind i, og igen er det kunderne og deres liv, jeg finder interessant. Jeg møder politikeren, der kommer med sin elskerinde i en hundesnor, manden med rygsæk og islandsk sweater, der hver den første i måneden køber forskelligt kvindelaktøj eller røde knælange lakstøvler og beder mig vurdere, om det klæder ham. Igen indvier kunderne mig i deres inderste tanker og drømme.

I weekenderne tager jeg tit på besøg hos nogle venner i et kollektiv i Jylland. Jeg finder ud af, at lastbilfirmaet A.E. Grodt kører fast mellem Valby og Haderslev, og at chaufførerne gerne vil have selskab. Over det næste år lærer jeg mange chauffører at kende. De præsenterer mig for chauffører, der kører eksport, hvilket giver mig mulighed for at køre med til forskellige storbyer i Europa. Jeg elsker chaufførlivet. Vi sidder højt hævet over de andre trafikanter, og det giver mig ro i sindet at køre langsomt ned igennem Europa til motorens rytmiske summen. Der er god tid til samtale, og igen oplever jeg at blive brugt som lommepsykolog og lærer meget om mennesker og den udprægede mandeverden, jeg er blevet en del af. Jeg bliver samtidig fascineret af de forskellige kulturer

Mine klassekammerater bryder sig ikke om at besøge mig. De er bange for at gøre noget galt, og de føler, at der bliver holdt øje med dem, hvilket gør dem utrygge. Det er rarest, når min stedfar ikke er hjemme, for selvom han opholder sig i stuen og aldrig taler med mine venner, når de en sjælden gang er på besøg, er der altid en skygge af ham i vores samvær.

Min stedfar taler til mig – ikke med mig. Han spreder en uhyggelig og dyster stemning i hjemmet, og der er aldrig glæde og latter, når han er hjemme. Jeg udvikler mig til antennebarn og bliver rigtig dygtig til at vejre stemninger, så jeg ved, hvordan jeg kan tillade mig at være, og hvor meget jeg kan tillade mig at sige.

Min mor orker ikke at tage konfrontationen med ham, men hun fortæller mig tit, at jeg kan alt, hvad jeg vil. Derfor udvikler jeg, på trods af et ikke eksisterende selvværd, en stor selvtillid. En selvtillid som jeg for alvor gør brug af, da jeg er 15 år og går i 10. klasse. På det tidspunkt har knuden i maven vokset sig stor. Så stor at jeg beslutter, at jeg er nødt til at flytte. Jeg tør ikke konfrontere min stedfar med min beslutning, så jeg får to klassekammerater til at gå med mig hjem i spisefrikvarteret. De banker på for at sikre sig, at han ikke er hjemme, og da der ikke bliver åbnet, lister vi os ind, tager min dyne, mit tøj og nogle få ejendele, og så er jeg flyttet.

Jeg flytter ind til min kæreste, som er tre år ældre, og som jeg har kendt en måneds tid. De første uger hjemmefra er gode, men knuden kommer igen, da det går op for mig, at min nye kæreste sælger mange kilo hash om ugen. Han begynder at træne mig, så jeg får indøvet de rigtige svar, hvis politiet skulle finde på at komme på besøg, og der kommer mange fremmede mennesker i lejligheden. Der går ikke længe, før jeg er bevidst om, at jeg er flyttet fra én mavepine til en anden, og at jeg er nødt til at flytte igen. Jeg lover mig selv, at jeg fra nu af vil tage min maves signaler alvorligt.

Efter at have boet flere forskellige steder får jeg et værelse i et kollektiv. Jeg er blevet færdig med 10. klasse og vil ikke fortsætte med at gå i skole, for jeg har ingen idé om, hvad jeg vil med mit liv. Jeg har lært ikke at drømme, aner ikke, hvad jeg er god til og jeg kan ikke mærke, hvad jeg kan lide. Da jeg har brug for penge for at overleve, siger jeg ja til de jobs, jeg kan få, og på den måde begynder jeg langsomt at få en idé om, hvad jeg er god til og hvad jeg er passioneret for.

Det er hverken udfordrende eller sjovt at gøre rent og sætte priser på tasker og punge i Neye, og jeg lærer hurtigt, at passion er vigtigere for

Vi skal turde lytte til vores mavefornemmelse

Anette Flamand

Klokken er næsten 22.30. Nu er det et spørgsmål om sekunder, før de kommer hjem. Da jeg hører trin på trappen, løber jeg ud i køkkenet med kludene, skynder mig i seng og trækker dynen helt op til hagen, så de ikke kan se, at jeg stadig har tøj på. Så venter jeg. Jeg lytter til nøglen, der bliver sat i låsen, og lader som om jeg sover, da min mor stille åbner og lukker min værelsesdør. Jeg suger det til mig, da jeg hører min stedfars reaktion på min rengøring af lejligheden. Endelig får jeg anerkendelse.

Anerkendelse fra min stedfar er langt fra almindeligt, så jeg er villig til at arbejde for den, gøre mig fortjent til den og dermed – for et øjeblik – slippe for den knude i maven, jeg altid har i samværet med ham. Min stedfar bakker ikke op om noget. Hvis jeg med begejstring fortæller om en idé, får jeg altid samme reaktion. "Tomme proklamationer," siger han, og så er det uddebatteret. Jeg må ikke komme med idéer eller tale om drømme, så i mit barndomshjem har man ingen drømme.

Jeg vokser op med mange regler. En af reglerne er, at jeg som 14-årig har 10 udeaftener om måneden. Har jeg brugt de 10 aftener og bliver inviteret til noget, må jeg takke nej, og har først mulighed for at være social igen, når vi har rundet den første i næste måned. Jeg sidder aldrig i stuen, når min stedfar er hjemme, så derfor har jeg mange aftener alene og ulykkelig på mit værelse. På den måde lærer jeg, hvordan det føles ikke at blive set, hørt og forstået, og hvad ensomhed er for en størrelse.

stor og positiv erfaring med metoden systemisk familieopstilling, som er et unikt og effektivt redskab til at bryde ubevidste og uhensigtsmæssige mønstre. Herudover er hun stressvejleder og anvender den nyeste forskning inden for metakognitiv terapi, uddanner frivillige mentorer og holder oplæg omkring unges trivsel, udfordringer og motivation.
www.thunoeogco.dk

smuk og naturlig. De har lært, hvordan liv og død nødvendigvis hænger sammen, og at døden er en uomgængelig del af livet. Døden kan være smuk. Mine forældre var henholdsvis 86 og 89 år, da de døde. De har levet et langt og godt liv sammen med de glæder og sorger, et liv nu en gang består af. Hele familien var med til at sende dem af sted på deres sidste rejse. Det er en rar fornemmelse at vide, at mine forældre var i trygge og kærlige omgivelser, da de forlod denne verden og begav sig på vej mod næste stadium af, hvad et liv måtte være. De bor i mit hjerte for evigt.

Det har jeg lært

Mine prioriteringer har ændret sig efter, at jeg har mistet mine forældre. Små ting, der tidligere kunne fylde meget, har mistet deres betydning. Vrede og gammelt nag har jeg givet slip på. Jeg har oplevet døden som en påmindelse om, at den en dag tager os bort fra vores omverden, vores kære, og at vi derfor skal huske at nyde hver dag, vide at der er oplevelser, der ikke kan udskydes, mennesker, vi ikke kan skubbe til side. Livet er en gave. Vi vælger selv, hvordan vi vil leve det. Jeg har valgt, at mit liv skal være fyldt med glæde og troen på, at kærlighed og nærvær er det, der skaber livskvalitet. Jeg vælger med hjertet.

Om forfatteren

Susanne Thunøe er uddannet lærer og har en bred undervisningserfaring fra folkeskolen og EUC NVS. Hun brænder for at arbejde med unge mennesker, og en af hendes spidskompetencer er at opbygge varige og tillidsskabende relationer. I samarbejde med EUC NVS og Odsherred Kommune var hun med til at opstarte 10. klasse Erhverv i Asnæs, hvor hun som den daglige leder havde et særligt fokus på den socialpædagogiske del. Susanne driver nu sin egen virksomhed Thunøe og Co. som ungecoach, underviser og mentor, hvor hun blandt andet tilbyder undervisningsforløb for unge, der har særlige udfordringer i hverdagen i form af selvværdsproblematikker, social angst, psykiske diagnoser, misbrug, vrede og opvækstrelaterede problematikker. Susanne tilbyder ligeledes individuel coaching og har

gøremål, der skal ordnes i forbindelse med min fars død. Imens jeg taler med bedemanden kan jeg høre, at min mor begynder at stønne og ligge uroligt. Jeg tilkalder sygeplejersken, som kommer og giver hende noget beroligende medicin og siger, at hun ikke har langt igen. Jeg får en klump i halsen og begynder at græde. Tiden må gerne stå stille nu. Det hele går pludseligt alt for stærkt. Jeg sætter mig op i sengen og holder om hende. Jeg hvisker kærlige ord i hendes ører og fortæller hende, at hun har været en dejlig mor. Hendes åndedræt bliver tungere og tungere. Jeg kommer pludselig i tanke om det min veninde havde fortalt mig, inden jeg lagde mig til at sove. Det føles helt naturligt at sige: "Mor, far og mormor står her ved din seng og venter på dig. De tager godt imod dig og glæder sig til, du kommer. Alt er som det skal være – du skal give slip, når du er klar til det. Jeg elsker dig af hele mit hjerte". Med de ord i øret trækker min mor vejret for sidste gang.

Endnu engang samles familien for at tage afsked med min mor. Vi har nogle hyggelige timer sammen, mens min mor bliver gjort i stand af plejepersonalet. Hun er så smuk, som hun ligger der i sit yndlingstøj, som plejepersonalet har fået lov til at vælge. En lille buket blomster fra min brors have ligger på hendes bryst. Jeg ringer til bedemanden igen for at fortælle ham, at vi skal have en dobbelt bisættelse.

På en dejlig solskinsdag i maj bliver mine forældre bisat sammen – 64 år efter de sagde ja til hinanden i Vordingborg Kirke og lovede at elske og ære hinanden både i modgang og medgang til døden dem skiller. Min mor besluttede sig for at tage afsked med livet og følge min far i døden den dag, hun besøgte ham på hospitalet. Det er jeg ikke i tvivl om – en ægte kærlighedshistorie. Præsten holder en fantastisk tale og kirken er pyntet med mine forældres yndlingsblomster. Organisten spiller et smukt musikstykke på flyglet til ære for min mor, som selv har spillet klaver hele sit liv. Det hele er så fint. Men da begge rustvogne kører væk på samme tid, bryder jeg sammen. Det er en overvældende følelse at tage afsked med begge mine forældre på én gang. Mine elskede drenge græder også. Vi holder om hinanden, til der ikke er flere tårer tilbage.

Jeg føler mig så privilegeret over, at jeg har haft mulighed for at tage afsked med mine forældre på denne smukke og nærværende måde. Det er ikke alle mennesker, der når at tage afsked med deres kære. Jeg har i de seneste år inden deres død frygtet den dag, hvor de skulle herfra. Tanken om at de skulle dø ensomme på et plejehjem var ikke rar. Døden er på mange måder tabubelagt i vores samfund. Derfor er jeg taknemmelig over, at mine drenges første møde med døden har været

morfar er gået bort. Og nu er vi på vej igen. Igen kører jeg mod tiden. "Jeg skal bare nå det", bliver jeg ved med at sige til mig selv.

Hun ligger der i sengen. Stille og i sin egen verden. Sidste gang jeg så hende, sad hun i en kørestol og tog afsked med min far. Igen fyldes jeg med en følelse af ømhed og kærlighed. I modsætning til min far som havde ændret udseende, ligner min mor sig selv. Jeg sætter mig på en stol ved hendes seng, tager hendes hånd og kysser hende på panden.

Hele familien samles igen. Fætre og kusiner nyder hinandens selskab. Vi køber mad, og lejligheden fyldes med latter, snak og liv. Præcis som min mor elsker det. Men hun er fjern. Det virker som om, hun koncentrerer sig om at holde lyde ude. Vi lukker døren til hendes soveværelse og skiftes til at gå ind til hende én ad gangen. Lægen kommer for at udskrive beroligende medicin. Jeg har indstillet mig på, at der venter nogle intense timer forude. Timer hvor alt fokus skal være på min mor, så hun lige som min far kommer herfra med sine elskede omkring sig og ro i sjælen.

I reolen står fotoalbums med billeder fra vores barndom. Der er også billeder af mine forældre fra de var børn og unge. Børnebørnene synes, det er sjovt at sidde og kigge på fotos. Gode minder om dejlige stunder med mine forældre fylder rummet. På sofabordet ligger min fars erindringer, som han skrev for nogle år siden. Vi læser brudstykker op fra bogen og morer os over den sjove måde, han har beskrevet sit liv på. Det er ved at blive aften, og familien tager afsked med min mor – én efter én. Præcis som vi havde gjort aftenen inden med min far. Min søster bliver i et par timer, inden hun også tager hjem. Jeg har fået stillet en seng til rådighed, så jeg kan overnatte hos min mor. Der er helt stille. Kun lyden af min mors tunge vejrtrækning bryder stilheden. Jeg sidder ved hendes seng og holder hende i hånden. Hun ser fredfyldt ud. Minder om en dejlig barndom begynder at dukke op. Jeg udvælger nogle af de bedste historier, jeg kan huske og deler dem med hende. Telefonen ringer. Det er min veninde, der er clairvoyant, som vil høre, om jeg er ok. Hun siger: "Din far og mormor står ved fodenden af din mors seng og venter på hende. Alt er som det skal være – de tager godt imod hende". Min mor og mormor har altid haft et meget kærligt forhold til hinanden. Jeg bliver helt varm indeni på min mors vegne.

Jeg lægger mig til at sove, men bliver vækket hver anden time af en sygeplejerske, der skal tilse min mor og give hende beroligende medicin. Det føles rart og trygt at ligge ved siden af hende. Jeg vågner tidligt mandag morgen og ringer til bedemanden. Der er en masse praktiske

Hun drejer hovedet og kigger på mig med en alvor og tilstedeværelse, jeg ikke har oplevet i mange år på grund af hendes demens. Hun svarer klart og tydeligt: "Ja." Hendes svar kommer ikke bag på mig. Tanken om at hun skal sidde tilbage ensom og dement på et plejehjem er ubærlig. Jeg er derfor slet ikke i tvivl om mine næste ord: "Du skal skynde dig, hvis du skal med far – det er helt i orden." Jeg sætter hende fri. Da hun bliver hentet af chaufføren og kører ned af hospitalsgangen, har jeg en fornemmelse af, at det er sidste gang, jeg ser hende.

Det bliver lørdag og min fars åndedræt ændrer sig og bliver tungere. Han er utroligt stærk. Det virker som om, han nyder, at vi alle sammen er samlet omkring ham. Han har svært ved at give slip. Jeg hjælper ham på vej og siger: "Mor har været her og sige farvel, far. I to har haft et langt og dejligt liv sammen. Jeg elsker dig – du har været en god far. Jeg ved, at du har gjort det bedste, du kunne. Du kan give slip, når du føler dig klar til det." Mine søskende giver ham også kærlige ord med på vejen. Det er ved at blive sent.

Min bror og resten af familien skiftes til at tage afsked med ham og kører hjem. Min søster og jeg bliver tilbage og holder ham i hånden. Mange tanker begynder at køre i mit hoved. Minder om dejlige sommerferier, magiske juleaftener, stille søndage med ild i pejsen og rare stunder med familien. Men der kommer også tanker om, at jeg ville ønske, at jeg havde besøgt ham noget mere, at jeg havde fortalt ham oftere, at jeg elsker ham, og at han har været med til at gøre mig til den person, jeg er i dag. Pludselig bliver jeg overmandet af en kæmpe følelse af taknemmelighed. Jeg hvisker kærlige ord i øret på ham og stryger ham over håret. Det er som om, tiden står stille. Min søster og jeg får øjenkontakt. Hans vejrtrækning stopper, og han giver slip på livet. Det virker som den mest naturlige og fredfyldte ting i verden. Intet drama. Kun stilhed. Min søster og jeg krammer hinanden. Ord er overflødige.

Da jeg kommer hjem sent om aftenen, helt mast og følelsesmæssigt fyldt op af både sorg og fred, ringer min telefon. Det er min gode veninde, der er clairvoyant. Hun siger: "Ja, så kom han af sted. Han har det godt, men han er ikke der, hvor hans skal være endnu. Han venter på noget". Det er en rar fornemmelse at få at vide, at han har det godt. Med de ord lægger jeg mig til at sove.

Denne smukke søndag morgen på vej til plejehjemmet virker helt uvirkelig. Mens vi kører, tænker jeg tilbage på de sidste intense dage med min far. Jeg har en underlig tom følelse indeni. Som om jeg ikke helt er til stede. Drengene har slet ikke nået at fordøje meddelelsen om, at deres

løber alt, hvad jeg kan. Det er som om, alt andet er ligegyldigt. Tiden står stille. Da jeg kommer op på afdelingen, stopper jeg uden for hans dør. Jeg husker følelsen af, at jeg forbereder mig på det syn, der møder mig, når jeg åbner døren. En blanding af lettelse og ømhed fylder hele min krop, da jeg ser min far ligge i sengen. Mine søskende står og holder ham i hånden. Jeg nåede det. Vores blikke mødes, og ord er overflødige. I sengen ligger min far med iltmaske på og ligner slet ikke sig selv. Jeg går hen til ham og kysser ham på panden. Det er svært at holde tårerne tilbage. Det er som om, rollerne er byttet rundt. I sengen ligger en lille tynd og indskrumpet mand. En skygge af den far, jeg har kendt hele livet.

Herefter følger nogle intense dage. Min far har fået en enestue, hvor der er plads til, at vi på skift kan overnatte hos ham. Vi er alle enige om, at han ikke skal være alene på noget tidspunkt. Børn, børnebørn og oldebarn fylder hospitalsstuen med liv og kærlighed. Selvom min far ikke kan kommunikere, fornemmer jeg, at han nyder, at vi er omkring ham. Han har altid holdt af selskab. Som dagene går, bliver han mere og mere svag. Jeg har en blandet følelse i kroppen. En stemme siger til mig, at han skal have lov til at få fred nu. En anden stemme hvisker mig i øret, at jeg er ved at miste min elskede far. Den far der har passet på mig hele livet og gjort det bedste, han kunne.

Det er fredag morgen, og mine søskende og jeg bliver enige om, at det nok er på tide, at min mor kommer og tager afsked med vores far. Hun sidder på et plejehjem og kan ikke forstå, hvor han er. Hun er dement og er gledet ind i en anden verden. Min søster får arrangeret, at min mor bliver transporteret til hospitalet. Det er ikke en helt nem opgave, da hun sidder i kørestol.

Taxachaufføren kører min mor helt op på stuen. Det syn der møder mig, glemmer jeg aldrig. Hun sidder i kørestolen og er så smuk. Plejepersonalet har sat hendes hår, lagt make-up, iklædt hende det fineste tøj og givet hende smykker på. Alt sammen for at hun skal fremstå så smuk som muligt i det sidste møde med sin livsledsager gennem 69 år. Det er et rørende øjeblik.

Min far løfter det ene øjenbryn, da han hører hendes stemme. Min mor sidder tavst og kigger på ham. En blanding af tristhed og dyb kærlighed til dem begge fylder mit hjerte. Det er ikke til at vide, hvilke tanker og følelser der går igennem min mors krop i disse minutter. Jeg stiller hende et spørgsmål, som viser sig at få en stor betydning. "Mor, kunne du også godt tænke dig at få fred?"

Til døden os skiller

Susanne Thunøe

Jeg er lige stået op. Det er tidligt søndag morgen. Jeg laver en kop kaffe. Alt er som det plejer og så alligevel ikke. Jeg er træt, har ondt i kroppen og har grædt hele natten. Sent lørdag aften tog jeg afsked med min elskede far på Herlev Hospital. Der er helt stille i huset – drengene sover stadigvæk. En følelse af sorg skyller ind over mig, da billedet af min fars sidste timer dukker op. Telefonen ringer. Jeg dykker ned i min taske og finder den, selvom jeg egentlig ikke har lyst til at tage den. "Nej – det kan ikke være rigtigt – hvor langt har hun igen? Jamen jeg har ikke engang været i bad."

En halv time senere sidder mine tre drenge og jeg i bilen på vej til min mors plejehjem i Lyngby. Der er helt stille. Ingen af os er rigtigt vågne. Vi har ikke forstået, at vi endnu engang skal tage afsked. Det er ikke mere end tolv timer siden, min far fik fred. Jeg kan mærke, at hans sygdomsforløb stadigvæk sidder i kroppen, og jeg tænker tilbage på den onsdag formiddag, hvor jeg bliver ringet op af min søster. "Far er blevet indlagt med et lungeødem. Lægen siger, at han ikke har langt igen. Du skal komme med det samme". Det føles som en evighed siden. Alligevel er der kun gået fire dage. Dagen står lysende i min erindring, og jeg husker, at jeg hele vejen til Herlev Hospital beder til, at jeg når frem i tide.

Da jeg ankommer til Herlev Hospital, er der ingen parkeringspladser. Jeg kan mærke panikken brede sig. Det kan bare ikke være rigtigt, at jeg måske ikke når det på grund af en manglende parkeringsplads. Mit hjerte banker. Langt om længe finder jeg en plads og får parkeret bilen. Jeg

Om forfatteren

Kjenneth Holm har som tidligere bilmekaniker opbygget en karriere som selvstændig erhvervsdrivende. Han har haft stort succes med mere end 10 start-ups indenfor forskellige brancher, herunder solenergi, e-handel, produktion af motorcykler og underholdningsbranchen med Klub Jet, som fløj kendisser rundt i verden med privat jet. Han stiftede virksomheden Byghjemme.dk tilbage i 2004, som ændrede hele byggebranchens tilgang til salg af byggevarer på nettet. I dag arbejder han med at hjælpe folk til at udleve deres potentiale. Han har de seneste år holdt mere end 150 foredrag om iværksætteri og mindset, lavet tv og er stifteren af konceptet LitUpp Global, som tilbyder online selvudviklingsprogrammer fra de bedste foredragsholdere i verden leveret i et globalt netværk via sociale medier. Kjenneth har flere coaching-uddannelser bag sig og har en stor passion for den personlige transformation igennem selvudvikling.

mail@kjennethholm.com and www.kjennethholm.com

det lykkeligste menneske på jorden, mens jordens rigeste mennesker kan bygge hele deres formue op på en falsk idé om livet og være dybt ulykkelige.

I mange år betød det meget for mig at vise andre min succes. Jeg var optaget af at vise dem, hvad jeg havde opnået, hvad jeg kunne og hvor langt jeg var nået. Det er ikke vigtigt for mig længere – det klap på skulderen har jeg fået. Nu er jeg fokuseret på at være den bedste udgave af mig selv og være god mod andre mennesker. Jeg ville ønske, at jeg havde turdet lytte til mig selv og tage skridtene tidligere, for i dag har jeg fundet lykken, kærligheden og meningen med mit liv. Nu hjælper jeg andre med at gøre det samme.

Igennem mit arbejde som mentor og foredragsholder har jeg hjulpet et utal af mennesker med at tage de skridt, der skal til, for at de kan udleve deres drømme og nå deres mål. Jeg oplever tit, at folk er bange for at forlade deres komfortzone, hvor der er sikkert og trygt. Det er godt at have en vis form for sikkerhed, men ærlig talt er den eneste rigtige sikkerhed vores egen evne til at håndtere livets udfordringer, for intet er statisk og sikkert. Når vi tør at ekspandere vores komfortzone, er der uanede muligheder for, at vi udvikler os i den retning, som vi drømmer om. Vi begynder at leve et mere autentisk liv, hvor der er overensstemmelse mellem, hvad vi vil med vores liv og hvad vi gør med vores liv. Det går det tit op for mig, hvordan vi mennesker indeholder enorme ressourcer, uanede mængder af kærlighed og overskud til livet, hvis vi blot vi tør at følge vores hjerte.

Det har jeg lært

- Vær sammen med folk, som løfter dig. Når du spejler dig i mennesker, som du ser op til, bliver du automatisk drevet i samme retning som dem.
- Spørg andre om hjælp. De mennesker, som har haft stor succes i livet vil hellere end gerne dele ud af deres erfaringer.
- Udlev dine drømme. Du vil aldrig fortryde det, du gør. Du vil kun fortryde det, du ikke tør.
- Vær god mod andre. Det bringer dig i retning af mennesker, som vil gå langt for dig.

understøtter almindelige mennesker i deres personlige udvikling. Navnet LitUpp symboliserer det at antænde lyset i os. Vi har samlet nogle af de bedste foredragsholdere i verden og skabt nogle fantastiske selvudviklingsprogrammer, som sælges direkte fra vores website. Vi har taget de bedste teknikker indenfor personlig udvikling, sat dem i system og gjort dem tilgængelige for alle mennesker igennem et globalt ambassadørprogram, hvor folk deler deres udvikling og erfaring til deres nærmeste.

Sjovt nok har jeg altid haft en drøm om at skabe et koncept, der rækker ud til almindelige mennesker i hele verden. Efter at jeg begyndte at følge mit hjerte, har alle mine handlinger ledt mig i denne retning. Hver gang jeg er kommet i en eller anden form for livskrise, har jeg truffet nogle hårde beslutninger, som har bragt mig tættere på målet. Det var blandt andet det, der skete, da jeg sagde farvel til min middelmådige tilværelse i forstaden og startede forfra. Jeg flyttede ind i en lejlighed i midten af København, hvor jeg pludselig lærte de mennesker at kende, som jeg skulle bruge for at komme et skridt videre hen imod at udleve min drøm.

Med tiden har jeg indset, at livet er én lang udvikling. Jeg tror på, at vi selv vælger, hvordan vi vil leve vores liv. Det er ikke bare noget, der sker for os. Vi vælger den historie, som vi vil fortælle om os selv. Jeg kunne have valgt at bebrejde min fortid for alt det, som jeg ikke har haft i min barndom, men det er der ikke nogen fremdrift i. I stedet vælger jeg at fokusere på det drive, jeg har fået ud af at klare mig selv fra en tidlig alder. Min opvækst er blandt andet årsagen til, at jeg aldrig har modtaget sociale ydelser. Når jeg kiggede rundt på min mors familie kunne jeg se, at ydelserne fratog dem deres frie vilje og selvansvar til at tænke, tage beslutninger og skabe deres eget liv. De var ikke tvunget til at hanke op i dem selv og finde en løsning. De lænede sig blot tilbage, forventede mere fra kommunen og gav alle andre skylden for deres sorg og situation. Jeg tror på, at der er noget elementært i, at hvis vi vil have noget, så må vi selv skabe det. Jeg har brugt det drive, jeg har med hjemmefra, til at skabe det fantastiske liv, som jeg har i dag.

Jeg oplever ofte, at der er kommet en materialistisk belejring, som viser sig i en rus af indkøb. Det er i min optik ikke penge, der løser vores evige søgen efter glæden og lykken. Derimod er det glæden og passionen med det, vi laver og dem, vi har omkring os, der meget enkelt afføder de penge, som vi har brug for. Vejen til pengene bliver fantastisk, hvis vi elsker det, som vi laver. Det er derfor, at en ludfattig kunstner kan være

nåede at skifte folkeskole over 10 gange, fordi vi flyttede så mange gange. Det gjorde det svært at følge med i undervisningen, og jeg gad ærligt talt heller ikke, for jeg havde givet op på skolen. Jeg tror aldrig, jeg helt forstod, hvad skolen egentlig handlede om, og hvorfor jeg skulle være der. Det var der ingen, der havde fortalt mig. Det var først senere i livet, jeg opdagede, hvor meget jeg havde spildt min tid og mine muligheder.

Da jeg var færdig med niende klasse, var jeg virkelig træt af skolen. Til gengæld var jeg god til at bruge mine hænder, så inden jeg fik set mig om, var jeg i lære som mekaniker. For første gang opdagede jeg, at jeg kunne lave noget, der interesserede mig og som jeg var god til. Lige før jeg blev udlært, stod det dog klart for mig, at jeg ikke skulle fortsætte den vej. Jeg kunne ikke se mig selv arbejde i en kedeldragt til en dårlig løn resten af mit liv. Det var ikke det, jeg drømte om. I stedet sprang jeg ud som selvstændig som ung knægt i starten af tyverne og har været det lige siden.

I 2004 startede jeg en virksomhed, som solgte byggematerialer, værktøj og VVS til folk over nettet. Dengang hed den Billigbyg.dk, men den skiftede navn til Byghjemme.dk, da jeg solgte den til en svensk virksomhed 10 år senere. Det var et rent mareridt i starten, for jeg anede ikke, hvad jeg lavede og hvordan man drev en virksomhed med ansatte. Jeg havde jo heller ikke nogen forudsætninger for det. Jeg måtte lære alt af mig selv og betale for de fejl, som jeg begik. Efter mange hårde år, der hærdede mig som selvstændig erhvervsdrivende, endte det heldigvis godt. Virksomheden blev en succes og der kom ro på rent økonomisk. På det personlige plan var jeg dog ved at brække mig over mit arbejde. Jeg kunne mærke, at jeg ikke længere ville arbejde med at sælge ting til folk. Jeg ville arbejde med at udvikle mennesker, ligesom jeg havde udviklet mig selv.

Min interesse for mennesker har jeg haft med mig altid. Jeg har en evne til at se, hvad andre rummer og så få dem til at se det selv og turde følge deres drøm. Det hænger sikkert sammen med, at jeg fra en tidlig alder har navigeret rundt i et trist miljø, hvor folk var overkærlige, når de var fulde, og afstumpede, når de var ædru. Jeg kunne se gnisten forsvinde i deres øjne og drømmen brase sammen. Jeg kan huske, at jeg altid undrede mig over, hvorfor de ikke fulgte deres drømme, hvorfor de ikke drømte og hvorfor de bare tog sig til takke med deres nuværende tilværelse, som de ikke var glade for.

I dag handler hele min karriere om at hjælpe mennesker med udleve deres potentiale. Jeg har skabt det globale koncept LitUpp Global, som

beslutninger.

- Jeg måtte slippe det hele, forlade kæreste og hus, starte forfra på et fundament skabt af min sandhed. Og jeg lovede mig selv, at jeg aldrig mere ville lyve overfor mig selv.
- Jeg ville ikke spilde mere af mit liv på at sidde foran fjernsynet og se på alle de succesrige mennesker ude i verden, uden selv at komme tættere på mine mål. Jeg vil ikke længere være tilskuer, men medspiller på livets slagmark. Jeg måtte træde ud af min komfortzone og bevæge mig ud i det ukendte, for det var der, at livet blev skabt.
- Jeg måtte trække mig ud af den virksomhed, som var så afhængig af mig, at min handlefrihed var begrænset.

Det føltes helt vanvittigt for mig at smide alt det væk, som jeg havde brugt så mange år på at bygge op, men det var nødvendigt. Det var den sværeste, men bedste beslutning, jeg nogensinde har taget.

Det var ikke nemt for mig at bryde med den stabile tilværelse, som jeg havde skabt. Lige siden jeg var helt lille, havde jeg drømt om at få et stabilt liv. Da jeg var barn, havde min mor ikke nogen penge overhovedet. Når vi skulle med bussen, stod hun altid og fumlede med pungen for at finde de femkroner, der skulle til, for at vi begge to kunne køre med. Efter skole måtte jeg som regel hente hende på den lokale bodega på Søborg Hovedgade. Jeg trak vejret dybt ned i lungerne, inden jeg åbnede døren til osen fra de bordeauxfarvede vægge, som dannede rammen om bodegaens bar, hvor alle de berusede gæster sad og hang. Cigaretrøgen lå tungt i luften, når jeg banede mig vej igennem drukbulen i forsøget på at finde min mor. Hun skulle altid lige have en ekstra øl, før vi kunne gå – ofte flere. Nogle dage slog jeg tiden ihjel ved at lege med sten i baggården. Jeg forestillede mig, at jeg byggede mit eget imperium, hvor ingen kunne komme ind. Her var det kun mig, der bestemte. Andre dage lå jeg under billardbordet og lyttede til gæsternes snøvlende snak, mens jeg drømte om, hvordan mit liv skulle være, når jeg blev stor. Jeg drømte om et større og mere farverigt liv, hvor man rejste, tjente penge og kunne meget mere. Bare blive til noget. Jeg aner ikke, hvor jeg fik inspirationen fra, for jeg kendte ingen mennesker, der havde succes. Jeg kendte kun alkoholikere og folk på sociale ydelser.

Det føltes som om, at der var lang vej igen, før jeg kunne begynde at udleve mine drømme. Jeg havde ikke verdens bedste skolegang. Jeg

sofaen med udsigt over haven. Jeg faldt som regel i søvn. Når jeg vågnede igen, gik jeg ned i køkkenet for at lave mad til min kæreste. Mens vi spiste, snakkede vi lidt om, hvad der var sket på arbejdet. Bagefter satte vi os ind i stuen for at se fjernsyn sammen. Næste morgen startede vi forfra igen. Samme morgenmad. Samme snak omkring aftensmaden. Samme fjernsynsprogrammer. Alle dage lignede hinanden. Alle måneder lignede hinanden. Det var som om, at hele mit liv kunne stå på et A4-papir.

I flere år troede jeg, at hvis jeg bare fik det hus, den bil, det parforhold og den karriere, som alle havde fortalt mig, at jeg skulle stræbe efter, så var lykken nået, men sådan forholdt det sig ikke. Jeg blev mere og mere frustreret, utilfreds og ked af livet. Jeg følte mig stresset og deprimeret, men i modsætning til mange andre mennesker i den situation, havde jeg ikke lyst til at søge læge og få medicin som fx lykkepiller. Jeg var overbevist om, at jeg kunne komme ud af den negative spiral, hvis jeg begyndte at leve mere i overensstemmelse med, hvad jeg selv gerne ville med mit liv, i stedet for at leve efter hvad andre sagde, at jeg burde. Jeg begyndte at kigge indad. Tog på forskellige selvudviklingskurser. Rejste til Indien og Thailand for at lave selvransagelse og søge svar. Jeg forsøgte at finde ind i kernen af mig selv i troen på, at svaret var endeligt og kom i morgen. På det tidspunkt havde jeg ingen anelse om, at min indre rejse aldrig skulle ende.

Igennem lang tid forsøgte jeg at puste liv i min tilværelse, men når jeg var helt ærlig over for mig selv, så vidste jeg godt, at jeg ikke kunne blive ved med at køre ud af det samme spor. Jeg havde et job, en bolig og en kæreste. Næste skridt var at få børn. Det hele var så forudsigeligt. Jeg følte, at jeg var fanget i et hamsterhjul. Det begyndte at blive mere og mere meningsløst for mig at leve på den måde. Jeg havde altid vidst, at jeg ville noget mere end bare at få en titel, et hus og en familie. Jeg havde en følelse i maven af, at der måtte være mere i livet end bare det. Jeg kunne pludselig se mit liv udfolde sig fuldstændig middelmådigt. Min one way ticket her i livet ville være spildt. Intet fantastisk ville udspille sig. Mit selvværd faldt, mine drømme bristede og alle de visioner, jeg havde haft om at blive økonomisk uafhængig, skabe noget ekstraordinært, give andre mennesker noget igen og se verden så stor, som den er, kunne ikke blive til noget, hvis jeg fortsatte i samme retning. Jeg skulle noget andet.

Den morgen hvor jeg lå i soveværelset med en kvælende fornemmelse omkring halsen, vidste jeg, at jeg måtte træffe nogle svære

Succes skabes udenfor din komfortzone

Kjenneth Holm

Jeg vågnede i min seng en tidlig morgen. Fra soveværelset på første sal kunne jeg se ud over haven. Morgensolen ramte mit ansigt i glimt. Om lidt skulle jeg på arbejde i den virksomhed, som jeg havde bygget op fra bunden. Jeg havde alle mulige grunde til at være glad, men jeg kunne ikke mærke nogen form for glæde i kroppen. Tværtimod mærkede jeg en kvælende fornemmelse omkring min hals. Det var, som om at jeg var taget som gidsel i min egen tilværelse. Hvad var egentlig meningen med mit liv? Jeg vidste, at jeg ikke kunne udsætte det mere. Jeg skulle noget andet.

Igennem de seneste år havde jeg været fuldt beskæftiget. Min kæreste og jeg havde brugt alt vores tid på at gennemrenovere vores hus fra bunden. Det var et vanvittigt gør det selv-projekt. Da vi skiftede tag, var soveværelset det eneste rum med presenning over, som kunne holde regnen ude. Derfor boede vi på ganske få kvadratmeter i flere måneder i træk. På karrierefronten havde finanskrisen ramt hårdt, og jeg kæmpede benhårdt for at holde mine virksomhed oven vande. Det lykkedes heldigvis for mig at slippe fuldstændig udenom alt gæld, fordi jeg knoklede som en gal for at få afviklet mine kreditorer. Da jeg endelig kom ud på den anden side, havde jeg behov for at komme helt ned i gear.

Virksomheden gik så godt, at jeg kunne skære min arbejdsuge ned til 15 timer. Jeg tog hjem fra arbejde tidligt om eftermiddagen. Lagde mig i

dem. Med mine hænder og BevidsthedsBerøring har jeg mulighed for at give mit bidrag til at klinke disse potteskår. Jeg hjælper dem med berøring, indsigt og transformation.

Det har jeg lært

Vi vælger selv, om vi vil gå på opdagelse i vores kroppe og opleve hvor meget information, der er tilgængeligt i kroppen. Kroppen taler til os i billeder og fornemmelser. Den kommunikerer i sanseoplevelser og tillægsord. Og når den virkelig skal råbe os op, er det ofte med stivhed, smerte eller sygdom. Korrelationen mellem følelser og fysiske spændinger er et univers, som er unikt for hver og en af os, hvis har mod på at lytte.

Mine omstændigheder var, at jeg ikke fik børn. Andre mennesker har andre omstændigheder. Det, vi har til fælles er, at vi alle har en krop. At denne krop med den rigtige påvirkning og et let, kærligt og omsorgsfuldt nærvær kan skabe en fredfyldt base for den enkelte. Selvom BevidsthedsBerøring foregår på og i kroppen, så er det sjælen, vi banker på hos og inviterer ind i vores liv. Tankerne forlader hovedet, eller får mindre betydning, og kroppen føles glad og let. Vi kommer i balance.

Om forfatteren

Vivian Lee Chrom har nysgerrigt været vidt omkring i sit arbejdsliv og har samlet erfaringer i mange forskellige brancher i indland og udland, herunder Københavns Lufthavn, Casino Copenhagen og en længere årrække i forsikringsbranchen. Akademisk er turen gået forbi både RUC og CBS. I 2009 var Vivian ophavsmand til Danmarks første online forlag Novelleforlaget.dk med direkte salg på internettet. I dag arbejder Vivian som Inspirational Mentor og BevidshedsBerørings-terapeut. Den store drivkraft i Vivians tilværelse er at undervise og give egne erfaringer videre. Derfor har hun i en årrække blogget om ufrivillig barnløshed og skrevet en endnu ikke udgivet bog om samme tema. Ikke isoleret fra dette har været interessen for de mere åndelige aspekter af tilværelsen og hvorfor tingene sker, som de gør. Vivians altoverskyggende formål er at skabe bevidsthed i livet og hjælpe andre til det samme – i såvel kroppen som i sindet.
kontakt@vivianchrom.dk and www.vivianleechrom.dk

Jeg mødte den totale og altopslugende ensomhed. Den følelse, der opstår, når man ikke kan dele sine følelser med andre, men må holde dem i sig selv for ikke at møde kritik og afvisning. Men jeg mærkede også, at jeg kunne blive blødere, rundere og at jeg var elskelig.

Jeg mødte min sjæl. Og sammen kunne vi hæve os op over al smerten, alle bekymringerne, vreden og længslen efter at give hjertets energi frit løb – uanset om det er til et barn eller et andet menneske. Endelig kunne jeg mærke, hvad det ville sige ikke at være eller blive gjort forkert, når jeg var bange, ulykkelig eller skamfuld. Min krop var ikke – som jeg troede – dum, grim eller ubrugelig. Nok havde jeg øjeblikke, hvor jeg ikke ville livet, fordi jeg følte mig vred, bitter og forbigået, men jeg mærkede også, at livet ville mig. Det gjorde mig ydmyg at mærke helt ind i cellerne, hvor stærk livskraften er. Mine fortrædeligheder og min smerte blegnede i forhold til livet og kærligheden. Det gav mig lyst til at samarbejde med livet og ikke modarbejde det.

Min behandler foreslog mig at begynde at arbejde med kropsterapien. Det gav mening for mig ikke bare at blive godt behandlet, men at blive en god behandler. Jeg kom i kontakt med min krop som et sanseligt og sikkert opholdssted for min sjæl – et fysisk og konkret sted, hvor vi sammen kunne bevæge os op over det, vi forstår som livets begrænsende omstændigheder, og vores tanker og følelser omkring det. Jeg ville også hjælpe andre mennesker med at trandencere deres mørke og deres smerte ved med mine hænder at få dem til at føle og opleve deres egen livskraft, som kroppen og åndedrættet stiller til rådighed for os.

Da jeg færdiggjorde min uddannelse, trak min mentor mig til side. "Du er dygtig, og det er en fornøjelse at se dig arbejde med mennesker. Du giver dig selv fuldt ud. Du investerer dig selv." Han vred sine hænder lidt, inden han fortsatte: "Jeg ved, det har været en kamp for dig, at du ikke fik dine egne børn. Du skal bare vide, at alle dine klienter – mænd som kvinder – er små børn allerinderst inde, der har brug for en kærlig mor og vil have brug for den moderlige omsorg og kærlige energi, du besidder. Det er den energi, du skal arbejde med og gøre til dit største aktiv, for du har den. Brug den bevidst, aktivt og lad altid dine klienter mærke, at den kærlighed, de søger, er til stede."

Det gjorde indtryk på mig at få at vide, at jeg besad en moderlige omsorg, selvom jeg ikke havde fået børn, men det er nu ikke sådan, at jeg går rundt og betragter mine klienter som børn. I stedet forestiller jeg mig, at de er ligesom små potter, der har fået skår på livets vej. Ofte har de brug for at blive mindet om, at der er kærlighed og accept også til

Jeg var vred på min krop, der havde svigtet mig, forrådt mig, var blevet syg og ikke havde givet sig til kende i løbet af de mange undersøgelser, jeg havde gennemgået.

Jeg var vred på lægerne, der først havde bagatelliseret mine bekymringer over ikke at kunne blive gravid – og siden havde klandret mig for at søge hjælp for sent. Vred over, at de havde kun undersøgt mig ud fra en lægelig standard, som ikke var fleksibel nok til at inddrage mig og min viden i behandlingen.

Jeg var vred på min mor over at have svigtet mig så tidligt i livet, at jeg aldrig havde opnået den gennemslagskraft, der kunne havde ændret tingenes tilstand. Med sine evindelige kritik, afvisninger, fordømmelse og tilbagevisninger af enhver følelse, overvejelse, observation eller udtalelse, jeg ytrede, slyngede hun sig rundt om mig som en giftig efeu.

Mest af alt var jeg vred på mig selv. Over ikke at kunne gennemskue de kræfter, der styrede mig. Ikke at få hjælp til at forstå, hvordan verden hænger sammen. Ikke at kunne sige til og fra på de rigtige tidspunkter – hævde min ret og hævde mig selv.

Jeg genkendte vreden fra min tidligere teenageår, hvor jeg var begyndt at overdosere med aspirin og udvikle destruktive spisevaner. I den periode havde jeg lovet mig selv aldrig at få børn. Jeg stolede ikke på, at jeg ville være i stand til at være en bedre mor for et barn, end min mor havde været over for mig. Hvad jeg ikke vidste var, at jeg havde nedkaldt en forbandelse over mig selv i form af en infektion, som havde gjort mig steril, og som ikke stod til at ændre, før det var for sent.

Under behandlingerne mærkede jeg, hvor stiv og livløs min krop var. Allerhelst ville jeg bare forsvinde fra min krop, fordufte som strøtanke eller en duft, der kommer og går i vinden. Jeg lå på briksen som en dukke uden liv. En Snehvide i kisten, forgiftet af æblet. Det var ikke min stedmor, der havde gjort mig forkert, men min egen mor, der havde vist mig vejen til en selvdestruktiv fordømmelse. Når hænderne alligevel bad mig trække vejret og mindede mig om, at livet var til for mig, så var jeg ved at kvæles i de modstridende informationer. Som jeg lå der, var mit eneste ønske, at jeg aldrig mere skulle trække vejret og kunne forsvinde ud i universet. "Det er ikke noget problem," sagde min terapeut. "Så længe du trækker vejret, er jeg ikke bekymret." Det var en fjollet bemærkning, der satte mig fri til, at jeg kunne gå ind i mit eget mørke og mærke fortvivlelsen helt ind i knogler og celler, samtidig med at livets puls bankede troligt videre i min vejrtrækning.

ved at sove, og hvis jeg endelig faldt i søvn, så vågnede jeg om natten med voldsom altopslugende angst. Trykken for brystet, svært ved at synke og besvær med at trække vejret. Det føltes som om, at jeg trådte ud i et stort tomt rum, uden at vide om jeg nogensinde ville lande.

En veninde anbefalede mig at få kropsbehandlinger. Hun introducerede mig for BevidsthedsBerøring, som kunne hjælpe mig til at komme ud af hovedet og ned i kroppen, hvor jeg kunne mærke mig selv. Behandlingen foregik i et varmt og kærligt rum. Et par undersøgende, blide og til tider faste hænder skabte et fuldstændigt perfekt, magisk og tillidsfuldt rum. Lidt som en elsker, der vil lære sin elskede at kende – men uden den seksuelle undertone. Måske mere som en sjæl, der ønsker at lære en anden sjæl at kende, eller et hjerte, der ønsker at forbinde sig med et andet hjerte. Og i den nysgerrighed kunne jeg åbne op for mig selv – møde mig selv, mærke og forholde mig til både det grimme og det smukke. På briksen mødte jeg en engel og et lille forsømt barn. Jeg mødte en visdom, en uskyldighed og en trodsig teenager. De var der alle sammen – alle dem, jeg havde været, dem jeg gerne ville have været og dem jeg var.

Det blev til mange behandlinger. Hver og en af dem rummede sin egen overraskende pointe i forhold, hvilke tanker og følelser, der var til stede i min krop, og det var en stor befrielse at møde dem i et kærligt og trygt rum.

Jeg mødte min frygt. Jeg var ved at skille mig ud fra flokken, for jeg vidste, at jeg aldrig ville kunne blive, som de andre. Dem jeg normalt sammenlignede mig med. Dem, der var mødre, dem, der var fædre og dem, der var forældre. Min platform, som udelukkende bestod af illusionen af, hvordan livet skulle forme sig, når jeg fik børn, var forsvundet under mig. Og jeg skulle til at bygge en ny uden at vide hvordan. Hvem skulle jeg nu være, når jeg ikke ville kunne blive som de andre, have den samme rolle, den samme viden eller den samme status i livet? Jeg ville aldrig kunne komme til at fortælle om mine børn. Jeg ville aldrig få børnebørn.

Jeg mødte min vrede. Den var monumental og diffus. Og frem for alt var den forbudt. Jeg var vred på min første mand, en smuk, sort amerikaner, som jeg elskede af hele mit hjerte, men som ikke gik helhjertet ind i behandlingerne, fordi han var bange for at svigte den lille pige, han allerede havde med en anden. Vores ægteskab holdt ikke stand.

paralyseret. Da jeg endelig rejste mig for at gå på toilettet, var der en stor plet af blod på sædet. Jeg var i gang med at abortere. I flyets dæmpede belysning var det kun mig, der vidste, at mine små piger endte deres liv på det flysæde.

Det var ikke første gang, jeg havde været turen igennem. Tværtimod. Ufrivillig barnløshed havde længe været et tema i mit liv. Faktisk havde de sidste 10 år været en lang kamp for at blive gravid. I begyndelsen først for at finde en mand, der gerne ville skabe en familie med mig, og dernæst mindst fem års kamp for at få de børn, eller det barn, som, jeg forestillede mig, skulle give mit liv mening for alvor.

Jeg havde længe forsøgt at arbejde mig ud af at mit dilemma. Hvis jeg ikke skulle have børn, så måtte jeg da i det mindste kunne få succes i min karriere. I flere år havde jeg derfor knoklet løs med opstart af en virksomhed, som viste sig ikke at være bæredygtig. Jeg drak kaffe om morgenen og rødvin om aftenen, og indimellem lagde jeg masser af arbejdstimer. Selvom det ikke føltes specielt godt eller særlig sundt, forestillede jeg mig alligevel, at jeg havde fundet en levemåde, der på en eller anden måde kunne redde mig fra mig selv. Til sidst nåede jeg bunden. Jeg var udbrændt, ulykkelig og meget angst.

Dagen var lige startet i Jeddah lufthavn. Overalt så jeg kvinder indhyllet i sort, der hastede af sted med en børneskare i hælene. Tårerne flød fra mine øjne. Jeg var jeg så træt, men der var ikke et minut at spilde, hvis jeg skulle finde flyet til Sydney. Jeg havde svært ved at orientere mig i den store hal, der mest af alt lignede et enormt cirkustelt. Til sidst stoppede jeg midt på gulvet i hallen og ringede til min mand. I samme øjeblik jeg fik ham i røret, begyndte jeg at græde. Jeg sagde: "Jeg tror, jeg har mistet vores babyer."

Tilbage i Sydney satte jeg mig til rette med min kaffe på en bænk med ryggen mod Operahuset. Jeg sad og kiggede lige op i fuldmånen, der var på vej i seng over krydstogtsterminalen. Månen var ligeså fuld, som jeg var tom. Samtidig mærkede jeg solen svagt bagfra, som den var begyndt at kravle op bag mig og videre op over Operahusets skinnende, hvide ryg. Mørke og lys. Afslutning og begyndelse. Jeg var fyldt af en sorg, der var så stærk, at der langt om længe blev fred indeni. Jeg vidste, at det var sidste gang, vi havde forsøgt – jeg kunne ikke mere. Ikke flere urealistiske drømme. Ikke flere forsøg. Det måtte være slut nu.

Det er utroligt skamfuldt at indrømme, hvor svært det var. Naivt stillede jeg mig selv spørgsmålene: "Hvad var gået galt? Hvorfor lige mig? Jeg kunne være blevet en god mor, kunne jeg ikke?" Jeg have svært

Vejen til forandring ligger i kroppen

Vivian Lee Chrom

Klokken var fire om morgenen, da jeg vågnede på mit hotel i Sydney. Jeg var dødhamrende udmattet og havde store smerter, men jeg kunne ikke sove længere. Min mand sov ved siden af mig, mens jeg lå og vred mig i den tidlige morgen, men han lod sig ikke forstyrre af min uro. Jeg stod op i mørket og fandt lidt tøj frem af kufferten. Fandt nøglekortet til vores værelse og listede ud. Gik hen af den bløde gang til elevatoren. Muzakken rungede ud af højtalerne på vej ned til stueetagen. I det grynede dagslys gik jeg ned på gaden og fortsatte mod havnefronten. De eneste mennesker på gaden var renovationsarbejderne, som gjorde byen klar til en ny dag. For at møde lidt mere tegn på liv slog jeg et smut ind omkring McDonald's og tappede en kop varm kaffe.

To dage forinden havde jeg sat mig i flyet fra København til London. Jeg var på vej til Sydney, hvor min mand allerede ventede. Jeg var lykkelig gravid med to små fostre. De var så små, at de formentlig ikke kunne ses, men jeg var sikre på, at det var piger. I lufthavnen mærkede jeg lidt uro i maven, men ikke noget jeg var bange for. På flyveturen til London begyndte uroen dog at udvikle sig til smerter, og da jeg gik på toilettet i Heathrow lufthavn, gik jeg i panik. Jeg var begyndt at bløde. Jeg frygtede det værste, men havde ikke tid til at gøre noget ved det nu. Jeg skulle nå mit fly til Jeddah lufthavn, hvor jeg skulle mellemlande.

I flyet til Jeddah sad jeg på et gangsæde ikke så langt fra toiletterne. Smerterne tog til og blev værre i de kommende timer. Jeg pressede mig tilbage i sædet. Jeg var så bange for at miste børnene, at jeg sad helt

diverse øvelser, hvor vi kan måle et resultat af det, vi udfører. Det var det, som virkede for mig.

Det har jeg lært

Ved at dele mine skilsmissehistorie håber jeg på at inspirere, motivere og lægge op til mere åbenhed blandt mænd. Vi skal have øjnene op for, at det er vigtigt, at vi lærer at komme mere i kontakt med os selv. Vi skal blive bedre til ikke at føle os svage og frustrerede, når vi står i kriser, som vi ikke kan klare. I stedet skal vi tilkæmpe os vores mandighed tilbage uden at tabe os selv i forsøget på det. Og så skal vi turde søge professionel hjælp, så vi kan komme ud på den anden side som et helt menneske i stedet for at løbe fra, gemme os eller for den sags skyld fornægte problemerne.

Om forfatteren

Paul Lyderer har beskæftiget sig med mennesker på alle niveauer i mere end 30 år. Han har blandt være personalekoordinator hos en af verdens største olieselskaber, siddet i administrationen i flyselskabet SAS og sejlet som purser & officer hos Carnival Cruise Line. Derudover har han været selvstændig med diverse firmaer i meget forskellige brancher. Senest har han taget en uddannelse som psykoterapeut og flere uddannelser indenfor NLP og coaching. Han har egen klinik på Østerbro, som specialiser sig indenfor karriere og kompetenceudvikling, forretningsmæssig sparring og mænd og deres problemstillinger. Sidstnævnte holder han også foredrag om. Hans mission er at hjælpe mennesker til at få en større selvindsigt og lære dem at stå op for sig selv, så de får et positivt og godt liv, hvor de er glade og autentiske i forhold til, hvad de mener og står for.

jeg, at jeg gik mere tilbage end fremad, men igen holdt jeg fast. Med hjælp fra min terapeut fik jeg brudt med de negative følelser og kom om på den anden side. Jeg har ikke længere negative følelser hverken i forhold til mig selv eller min ekshustru. Det har gjort mig mere glad og positiv i alle livets facetter. Det kan nærmest beskrives som at have tømt en tung rygsæk for sten – en tyngde som jeg har båret rundt på i årevis.

Det har ikke været uden omkostninger at gå igennem denne lange og seje proces, hvor jeg kom så langt ned i mit følelsesregister og berørte emner og hændelser, som bevidst og ubevidst havde påvirket mig i en sådan grad, at jeg i første omgang mest havde lyst til at flygte ind i mine gamle mønstre. Det var ikke kun uoverskueligt men også grænseoverskridende, for lige pludselig kendte jeg ikke mig selv. Men i dag kan jeg virkelig se, hvor meget det har betydet, at jeg fik bearbejdet tingene. Ikke kun for mig selv, men også forholdet til min ekshustru, som er blevet rigtigt godt. Det har været en stor afgørende faktor for vores døtre, som havde det svært med vores indbyrdes kamp mod hinanden. Havde jeg vidst, hvad det ville have betydet for mine børn senere hen, var jeg gået i gang med den proces langt tidligere. Vreden og bitterheden må aldrig nogensinde gå ud over børnene.

Når jeg ser tilbage på tiden, kan jeg se, at det normale reaktionsmønstre, som jeg gennemgik, men hold nu op hvor er det sørgeligt, at jeg skulle helt derud, før jeg ændrede mine mønstre og så mig selv og verden i et andet lys. Set i bakspejlet kunne jeg have sparet mig selv for en masse lidelser og undgået at komme ind i det vakuum. Mine følelser bølgede i alle retninger, og det førte til en endnu større frustration.

I min vennekreds og i den grad også igennem min egen konsultation som psykoterapeut kan jeg konstatere, at vi mænd ofte kommer på glat is, når vi taler om følelser. Det gælder både den ældre, men så sandelig også den yngre generation. Vi mænd er som ofte ikke opdraget eller oplært i at håndtere følelser. Tværtimod så har vi indprentet, at vi skal være målrettede og resultatorienterede. Vi er så bange for at vise svaghedstegn, at vi hellere vil flygte. Derfor ser man mænd dyrke triatlon, maraton eller cykling helt hysterisk, nedlægge kvinder eller gå efter at få status på arbejdet. Vi prøver så meget at fastholde vores identitet og ikke mindst vores ego i disse ting, at vi glemmer hvem vi er. Netop denne flugt skaber så meget stress, skaber så mange gidsler og koster samfundet så dyrt. Derfor har vi brug for nogle, der kan tage os i hånden og lave handlingsorienterede planer og

I første omgang syntes jeg, at tankefeltterapi lød for helligt og alternativt til mig og mit ego, men da jeg var desperat og vidste, at der skulle ske noget nyt, besluttede jeg at prøve det af. Heldigvis kunne jeg konstatere, at behandlingen gav mig fornyet energi og flyttede mit fokus, så jeg kom mere ned i min krop og mit sind i stedet for kun at være i mit hoved. Terapeuten fik mig til at indse, at mit ego spændte ben – ikke kun for mig men også for mine børn. Det gav mig et nyt syn på livet.

Jeg fik fem behandlinger. Den første behandling var ubetinget den bedste oplevelse. Min knude i maven forsvandt, så jeg kunne begynde at spise ordentligt igen. Direkte efter første behandling havde jeg en aftale med en ven, som skulle prøve at få mig på højkant, men vores møde udviklede sig helt anderledes. Det var som om, at jeg var dopet med glæde og tonsvis af energi – dét i en sådan grad, at min ven bad mig om nummeret på terapeuten. Under de næste to behandlinger græd jeg som pisket og havde svært ved at stoppe igen. Derudover fik behandlingerne mig også ind i en trancelignende tilstand, hvor jeg følte, at jeg gik rundt i en kuppel, som fik andres stemmer til at runge, når de talte til mig. Jeg var næsten ved at give op, men jeg holdt fast, hvilket var godt, da de to efterfølgende behandlinger virkelig gjorde, at der kom skred i tingene. Da jeg så også kombinerede terapien med alle de selvudviklingsbøger og øvelser, jeg kunne finde på biblioteket, kunne jeg mærke, at jeg var på rette vej ud af mørket.

Når jeg efterfølgende ræsonnerer over mit liv, ved jeg, at det var rigtig godt for mig at blive skilt. Skilsmissen resulterede nemlig i, at jeg rent følelsesmæssigt ramte bunden i en sådan grad, at jeg blev nødt til at starte helt forfra i livet.

Efterfølgende er jeg kommet ud på den anden side som et helt menneske med meget mere ro i sjælen. Jeg hviler så meget i mig selv, at jeg ikke behøver at bevise, hvem jeg er, og jeg har fået et langt større overblik i mange henseender. Derudover har jeg fået større kærlighed til mig selv uden dog at være narcissist. Så på alle måder er mit liv blevet væsentligt nemmere.

Tilgivelsesprocessen var ubetinget den sværeste for mig, men også det bedste, jeg har gjort for mig selv. Jeg skulle ikke kun tilgive mig selv med alt, hvad det indebar, men også se på min egen rolle i ægteskabet, dårlige mønstre og nedbrydende vaner. Specielt det at tilgive min ekshustru var en stor mundfuld, da mit ego lavede så meget "ballade", at det var utrolig svært at beskrive i ord. I lange perioder følte

også mega grænseoverskridende. Jeg blev kastet ud på så dybt vand, at jeg troede, jeg skulle dø. Hele mit billede af familielivet, mit ego og ikke mindst alt hvad jeg havde lært af mønstre igennem hele min opvækst, blev udvasket med ét, hvilket resulterede i, at jeg blev handlingslammet og passiv.

Gudskelov havde jeg børn, familie og venner, som fik mig til handle og reagere, så jeg ikke gav op. Det var dog nemmere sagt end gjort for mine følelser fløj rundt imellem sorg, afmagt, hævn, frygt og ikke mindst angst. Netop angsten og frygten var i den periode var uden tvivl noget af det værste jeg nogensinde har været ude for i mit liv. At bearbejde og reparere den følelse virkede så uoverskuelig og ubarmhjertig, og jo mere jeg prøvede at fixe og kurere mig selv, jo dybere følte jeg, at jeg faldt.

Som så mange andre mænd tabte jeg mig selv fuldstændigt. Jeg var bare ikke klar over det. Jeg lagde låg på mine følelser og gik tilbage til mit gamle ego og mønster, som jeg kendte, og mødte en del kvinder uden, at det blev længerevarende forhold. Dem, jeg mødte, var ikke meget anderledes end min ekshustru. De ville gerne have en mand, der var i kontakt med sig selv og som kunne tale følelser, og det resulterede i, at jeg flygtede hurtigere, end jeg kunne sige ordet følelse.

Efter et år begyndte jeg så småt at få et liv, som gjorde, at jeg kunne begynde at lægge planer for fremtiden og orientere mig med henblik på at skabe et nyt liv på nye betingelser. Denne fase blev desværre heller ikke nogen rar fase for mig at gennemgå. Jeg havde så svært ved at acceptere, at jeg skulle leve et nyt liv. Jeg frygtede, at alt ville gå i opløsning, og at jeg ikke kunne bidrage med noget.

At jeg ikke fik bearbejdet mine følelser gav mig så meget bagslag, at jeg ikke kunne sove ordentligt, og jeg var i det hele taget i en ringe forfatning. Jeg vidste, at jeg måtte gøre noget for at ændre min nuværende tilstand. Jeg havde allerede besøgt diverse psykologer og terapeuter uden den store succes. Det var som om, at jeg talte for døve ører. De forstod ikke, at jeg havde brug for mere end blot et par timer, hvor jeg talte og talte uden de store svar på mine spørgsmål og frustrationer. Jeg havde brug for hjælp og vejledning.

En dag blev jeg heldigvis introduceret til tankefeltterapi TFT. Under behandlingen spørger terapeuten ind til diverse problemstillinger, samtidig med at han banker let på forskellige punkter på de såkaldte meridianbaner. Det er de samme baner, som man også arbejder med i akupunktur og zoneterapi. Efterfølgende ligger man på en briks, hvor man trækker vejret på en bestemt måde.

Før jeg blev gift, gik tingene alt for hurtigt. Til tider havde jeg selv svært ved følge med. Jeg var næsten ude af døren, inden jeg var kommet ind, rejste verden tynd og havde altid et eller flere projekter kørende på en gang. Mange vil nok sige, at jeg havde en smule ADHD, men når jeg ser tilbage, kan jeg se, at det var mit ego, som i for høj grad skulle tilfredsstilles og stimuleres. Jeg var på ingen måde i kontakt med mig selv.

Når jeg alligevel kunne falde til ro, blive gift og få børn skyldtes det flere ting. For det første fik min ekshustru mig til at forstå værdien af at være sammen som familie, men hun gav mig samtidig den frihed og plads, som hun kunne se, at jeg havde brug for. Det betød, at jeg blev mere rolig og kunne fokusere på familien, samtidig med at jeg kunne få succes på arbejdsfronten. Havde hun ikke gjort det, var vi nok aldrig blevet gift eller fået vores to skønne piger, som er den største gave i livet.

De sidste år af vores ægteskab blev jeg desværre for magelig og tog min hustru lidt for givet. Jeg havde travlt med karrieren og kørte mit eget løb, hvor jeg gik op i at være mand med stort M – uden den store opmærksomhed på hende. Det kunne ægteskabet ikke holde til i længden.

Min skilsmisse var bestemt ikke den bedste af slagsen af flere årsager. For det første valgte min ekshustru at forlade mig til fordel for min hollandske forretningspartner, som også var en meget nær ven og arbejdspartner i vores familie. Samtidig mente hun også, at det var hende, der skulle overtage den business, som vi havde startet op, og at hun havde den fulde ret til at få forældremyndigheden over vores fælles døtre. Det føltes som om, jeg fik en kniv stukket i hjertet, og jeg blev totalt handlingslammet. Jeg tumlede rundt uden at vide, hvad der var op eller ned, og jeg reagerede tåbeligt i mange henseender.

Jeg tabte mig 10 kilo i løbet af den første måned og spiste stort set ikke. Det føltes næsten som en ud-af-kroppen-oplevelse. Min energi var på lavpunktet og jeg blev presset til det yderste på alle planer – specielt på den følelsesmæssige front, hvor jeg virkelig var på udebane. Ikke nok med at jeg skulle forholde mig til at være single og kun se mine piger 10 dage på en måned, så var der også rigtig mange følelser, der skulle klares og ikke mindst kaperes. Mange af følelserne havde jeg enten ikke mødt før eller dyrket særlig meget, da jeg aldrig tidligere havde prøvet at rende ind i så voldsomme strabadser.

Chokfasen var den første følelse, som jeg stiftede bekendtskab efter skilsmissen. Den var ikke alene den hårdeste følelse, men den var

Mænd græder ikke

Paul Lyderer

Å ret er 2001. Jeg er 38 år og gift på ottende år. Sammen med min hustru har vi to piger på fire og syv år. Vi har haft nogle hårde og turbulente år, fordi jeg har været ude for en bilulykke, som har givet mig piskesmæld i nakken. På grund af mine smerter har jeg ikke så meget overskud, og jeg er også psykisk påvirket af situationen. Samtidig er min hustru hårdt spændt for, fordi hun er nødt til at overtage en række praktiske opgaver, som jeg ikke er i stand til at varetage længere. En dag fortæller hun mig ud af det blå, at hun vil skilles. Jeg er i chok.

På trods af den hårde tid havde jeg ikke i min vildeste fantasi troet, at vi ville komme derud, hvor det endte med en skilsmisse. Vi var stærke sammen og havde været en del igennem på godt og på ondt. Men det ændrede sig på et splitsekund. Jeg havde det på samme måde som dengang World Trade Center i New York blev angrebet uden varsel. Ikke nok med at verden blev ændret på alle måder, så havde jeg nogenlunde sammen følelse på det personlige plan. For mig føltes min skilsmisse større end noget andet. Det var som om, at mit indre styrtede sammen ned i et stort sort hul, hvor jeg ikke havde mulighed for at trække mig selv op igen følelsesmæssigt.

Når jeg kigger tilbage på tiden før skilsmissen, fik jeg faktisk en del advarsler om, hvad der var på vej, men problemet var, at jeg var blind over for dem. Jeg var optaget af at få succes og tjene penge, og ikke mindst at komme på fode igen efter min bilulykke. Derfor overså og overhørte jeg signalerne fra min ekshustru.

Om forfatteren

Anja Bolbjerg er tidligere olympisk pukkelpistskiløber og den eneste skiløber fra Danmark, der nogensinde har vundet en World Cup-event. Med 20 år i verdenseliten i skisport og som fysisk træner for flere verdensnavne har Anja hjulpet mange mennesker med at indtænke bæredygtighed i præstations-tilværelsen. Principperne bruger hun i dag i sine kurser, der netop ruster folk til at finde og opretholde en holdbar balance imellem præstation, trivsel og fysik. Et af Anjas yndlingsværktøjer er træningslejre, som er meget udbredte i sportens verden. Anjas mission er at udbrede princippet, så også ikke-sportsfolk kan få gavn af de intense oplevelser, fordybelsen og de specielle rammer, som gør en træningslejr så effektiv. Træningslejrene foregår blandt andet i smukke bjergomgivelser i Spanien og Sydfrankrig og altid med et fysisk element. Udover at arrangere kurser og træningslejre er Anja eventproducer, freelance skribent og TEDx speaker.

www.AnjaBolbjerg.com

jeg, at jeg havde en pligt til at sætte pris på det at have muligheden for at være her. Jeg havde fire World Cups tilbage til at blive forhåndsudtaget til OL, hvilket ville give mig økonomisk ro og støtte til at forberede OL på den bedste måde.

Fra den første konkurrence i Europa kunne jeg mærke mig selv igen. Jeg var fuldt tilstede og kørte mig til en femteplads. Det føltes befriende. Min træner fortalte mig efterfølgende, at den franske træner havde været ovre og sige til ham, at jeg havde set anderledes ud den dag, end jeg havde gjort i den sidste tid. Jeg kunne forstå, at jeg ikke længere lignede en taber. Jeg afsluttede sæsonen med en sjetteplads og to fjerdepladser, hvilket var mine bedste resultater hidtil. I den værste tid i mit liv.

Min fortælling handler ikke om at bearbejde tab og sorg. Det prøvede jeg jo nærmest at undgå og senere samme år kom en kontant afregning. Men den historie og lektion må du få en anden gang.

Det har jeg lært

Vores kropssprog er mere, end hvad vi udstråler til omverdenen. Vi absorberer også det, vores kropssprog fortæller. Det kan være gennem en holdning som i mit tilfælde, men det kan også være en spænding eller en smerte. Kropssprogets interne kanal, kalder jeg den, for den kommunikerer direkte med underbevidstheden. Det samme er tilfældet for de minder, vi bringer frem i vores liv og hverdag. De har også direkte forbindelse til vores dybeste overbevisninger, og dermed til, hvordan vi reagerer i pressede situationer. Ved at stille ind på de kanaler, kan du opnå en forståelse for den dynamik, der hersker i din underbevidsthed og skaber din holdning til tingene. Og endnu bedre; når du kan se sammenhængen, kan du fremkalde de beskeder, der styrker dig, og give slip på dem, der nedbryder dig. På den måde kan du blive din egen bedste støtte – selv i de allermørkeste tider.

imod den afsky, han netop havde fremkaldt i mig. Jeg havde lige mistet min lillebror. Jeg var mere trist og sårbar end nogensinde. Nu følte jeg det, som om jeg var blevet skåret op og vendt på vrangen. Jeg kunne ikke engang sige til ham, at han skulle skride langt væk, selv om det var det, jeg havde lyst til. Jeg blev så gal indeni.

Min træner havde altid været uden filter, og jeg var da også blevet rimeligt hårdhudet derude i sneen og kulden, siden min første World Cup fire år tidligere, men ingen havde nogensinde sagt noget så råt og ækelt til mig. Denne gang var hård hud alene ikke nok til at undgå at falde helt fra hinanden. Det var vist ret indlysende, at jeg var i chok, for med det samme begyndte han at forklare sig og vise mig en mere oprejst stilling med brystet højt. "Det er en vinder", sagde han. "Stolt og oprejst!" Forskellen var tydelig nok, men jeg syntes, det var latterligt, overdrevet, tåbeligt og bare slet ikke på sin plads at sige det til mig lige nu. Jeg tænkte ved mig selv: "Er han så flov over, at jeg er ulykkelig, at han nu skal til at håne mig og lave om på mig." Jeg var villig til at høre på meget for at blive bedre på ski – skiløbet var hans domæne – men jeg ville aldrig blive sådan en blærerøv som ham, hvis det var det, han forsøgte at gøre mig til.

Der var dog også mange gange, hvor han havde fortalt mig, at jeg havde en ekstraordinær kvalitet, som gjorde det til en fornøjelse at træne mig. Ydmyghed og arbejdsmod var de to ord, han altid brugte. Det gik ud på, at jeg var god til at bearbejde kritik og handle på det. Det havde jeg bygget hele mit fundament op omkring for at kunne indhente mine konkurrenter. Det var vigtigt at være ærlig overfor mig selv og objektiv – også når det ikke var så sjovt. Denne her gang havde hans kritik dog ramt mig, mens jeg var på mit laveste. Jeg kunne ikke engang skyde tilbage – bare sluge ordene. Det tog tid at fordøje dem, men efterhånden kunne jeg godt se, at han alligevel havde en pointe. Han ramte noget, som jeg havde magten til at ændre. Midt i al min hjælpeløshed var der rent faktisk noget, jeg kunne gøre. Som træner havde han set noget, der trak mig endnu længere ned. Jeg indså, at det ikke kunne nytte noget at tage hans kritik personligt. Han forsøgte jo ikke at håne mig. Det handlede ikke om at ændre, hvem jeg var. Det handlede om at ændre den historie, jeg fortalte mig selv – gennem mit kropssprog – så jeg kunne løfte mig selv og blive stærkere i stedet for at bryde helt sammen.

Da vi kom tilbage til Europa igen, var min sorg skiftet til vrede og jeg havde lagt en vis grad af afstand til konkurrencerne. Jeg var vred over, at min bror ikke havde fået den samme chance som mig. Samtidig følte

ting, jeg har kastet mig over siden, hvis jeg ikke havde det som en del af min historie. Eller hvor mange gange jeg ville have givet op?

Mange år efter skolen rejste jeg rundt som World Cup-skiløber i pukkelpiste. Jeg havde været i Danmark over julen for at besøge min lillebror, Jakob. Han skulle egentlig have rejst rundt med mig for at træne og konkurrere i pukkelpiste og kæmpe for at kvalificere sig til OL året efter ligesom mig. Men han kæmpede en helt anden kamp og var nødt til at blive på hospitalet.

Da jeg kom ind på hospitalet, spurgte han, hvorfor jeg var kommet: "Du skal da ikke være her, du skal ud og træne," var det første han sagde. Så småsnakkede vi lidt, og jeg kan huske han stillede mig et par spørgsmål om fremtidsplanerne med min kæreste. Det føltes som om han ville vide nu, hvad der skulle ske med mig.

Vores fælles projekt over de sidste tre-fire år havde været denne OL-kvalifikation. Vi havde set nogle dygtige franskmænd køre pukler. Det så fedt ud, og vi prøvede at gøre det samme. Det udviklede sig til, at vi fik bygget et program op for andre danskere også. Jakob var rigtigt dygtig, men til sidst havde han ikke længere kræfter til at være med ude på banen. I stedet gjorde han et kæmpe stykke arbejde fra sidelinjen. Rejsen mod OL var vores fælles projekt. Nu godt et år før det kommende OL kunne jeg mærke, at han var ved at sende mig af sted på resten af den rejse alene.

Jeg havde fået en træner, som rejste rundt med mig, og efter julepausen gik turen til World Cup i Canada. Få dage efter jeg var ankommet, fik jeg opringningen. Den værste opringning i mit liv. Herefter er alt sløret og tåget, og jeg kan ikke huske så meget. Jeg rejste ikke tilbage til Danmark. Jeg kunne ikke tage med til den begravelse. Jeg følte, at mine forældre forstod mig, selv om jeg godt kan se, at det var egoistisk og fejt. Jakob havde også sagt, at jeg ikke skulle være der. Det bakkede mig op i min beslutning, men sandheden er, at jeg ikke kunne holde til at tage med til begravelsen.

I mine træningsdagbøger kan jeg se, at jeg blev ved med at træne, og at jeg deltog i de planlagte konkurrencer, men når jeg tænker tilbage, kan jeg ikke huske noget som helst fra perioden. Efter en måned fik min træner nok og ville have mig ud af tågen. Han kiggede mig lige i øjnene og sagde, at jeg lignede en taber i alt, hvad jeg foretog mig. Det var ligegyldigt, om jeg var på vej til aftensmaden eller startboksen. Jeg kiggede altid ned og lignede en undskyldning for mig selv. Jeg kunne mærke den væmmelse min svaghed vækkede i ham. Den var dog intet

viser, at hvis vi bliver rost for vores evne frem for vores indsats, har det ofte en negativ effekt på vores hjerneaktivitet og præstationer i det lange løb. Vi kommer til at bekymre os om, hvorvidt vi har evnerne eller ej i stedet for at gøre vores bedste for at tilegne os dem. Vores hjerneaktivitet nedsættes, når vi får svære opgaver, og vi bliver mere tilbøjelige til at give op. Vi foretrækker at blive der, hvor vi er gode og har minimal risiko for at lave fejl. Når det derimod er vores indsats, der bliver rost, så finder vi udfordrende opgaver stimulerende, og vores hjerneaktivitet stiger med sværhedsgraden. Denne form for ros fremmer en udviklingstankegang i modsætning til mere låste overbevisninger om vores evner og formåen. Der er derfor stor forskel på opmuntring. Det giver noget andet at få beskeden "du må have arbejdet hårdt" end "du må være meget klog eller dygtig." Eller omvendt på at få at vide, at man "ikke har bestået endnu" og at man "er dumpet."

Jeg har generelt altid modtaget mere opmuntring end det modsatte i livet, men nu er jeg jo fra Danmark, hvor vi ikke gør det meget i at hive folk frem og anerkende dem foran en hel flok af ligeværdige. Især ikke hvis man virkelig gør det godt. Så det var næsten helt grænseoverskridende at opleve at blive fremhævet på den måde af psykologilæreren. Vist kunne man i Danmark blive "årets spiller" eller "årets fighter" til håndbold, men i Paris kunne man nærmest blive "årets hvad-det-skulle-være" i hvad end det skulle være.

Sammen med mine brødre grinede vi tit af de endeløse prisoverrækkelser, hvor alle skulle anerkendes. Det var selvfølgelig ikke alle, der blev fremhævet, men det føltes sådan, og meningen var vel at opmuntre os til at gøre vores bedste ligegyldigt hvilken baggrund, vi havde. Anerkendelsen bød næsten altid på fortællingen om den rejse, som vedkommende havde været igennem for at nå dertil. Rent socialt kunne det mærkes i en respekt for, at man kunne blive god til nogle forskellige ting. Sport, matematikhold, musik og drama. Ingen blev nedgjorte, og der blev heller ikke pralet. Folk havde jo fået anerkendelse, så det var der ikke rigtig nogen grund til. Jeg begyndte faktisk at synes, at det var en fed fortolkning af lighed. Meget forskellig dynamik fra vores lighedsforståelse i Danmark. Mine forældre fik ret. Jeg syntes rigtigt godt om det.

Psykologitimen og mine oplevelser på den internationale skole i Paris hjalp mig på en måde med at fortynde, hvad der måtte være af jantelov i mit danske blod. Hvem ved, om jeg havde turde prøve kræfter med de

Scotland Yard, men der var ingen vej udenom, hvis jeg ville bestå de mange prøver, som vi blev udsat for på ugentlig basis. Jeg var absolut ikke ligeglad med, om jeg klarede mig godt i skolen, så jeg måtte acceptere de højere krav til indsatsen og tage et par pinlige oplevelser med. Da vi studerende Freud i en psykologitime i 2. g, kom ordet "masturbate" op. Jeg var stadig i fuld gang med at udvikle mit engelske ordforråd, så jeg rakte hånden op og spurgte læreren: "Undskyld, hvad betyder masturbate?" Læreren var heldigvis hurtig til at forklare mig ordets betydning på et let forståeligt engelsk, inden de små fnis rundt omkring begyndte at fylde hele lokalet. Pinligt ja, men "jeg skal jo lige lære det," måtte jeg opmuntre mig selv.

Jeg kunne rigtig godt lide psykologi, men jeg syntes, det var noget lettere med de fag, hvor der var opgaver og facit. Jeg fik dårlige karakterer i mange af mine psykologiprøver og flere af dem ville jeg slet ikke have bestået, hvis jeg havde været til eksamen i dem. Jeg synes ellers, det var spændende, så jeg knoklede for at finde ud af, hvad jeg skulle gøre anderledes. Jeg kunne ikke identificere mig selv med at være dårlig til det. Det gik heldigvis bedre i andet semester, hvor jeg endte med at skrive en eksamen til topkarakter.

Den sidste dag sagde læreren til hele klassen: "Jeg vil gerne anerkende en elev, som virkelig har gjort et fantastisk stykke arbejde hen over året. Hun dumpede den ene prøve efter den anden i starten, men blev ved med at gøre en indsats, og hun gjorde fremskridt som ingen anden elev, jeg nogensinde har haft. Godt gået Anja!" Det var den vildeste anerkendelse. Han sagde ikke, at det var flot, at jeg fik topkarakter. Han valgte at fremhæve min indsats og mit fremskridt. Netop dét var den virkelige sejr for mig. At have vendt situationen og ikke bare accepteret, at det fag var jeg elendig til.

I dag er det gået op for mig, at den oplevelse har været med til at forme den udgave af mig, som tror på, at jeg kan lære alt det, jeg sætter mig for. Der findes videnskabelige studier, der forklarer dynamikken. Jeg har arbejdet med præstationer i sportens verden i hele mit voksne liv. Jeg har været skiløber i verdenseliten, træner, fysisk træner, mentor og sportsskribent. Det blev et centralt tema for mig at inddrage bæredygtighed i præstationssammenhæng, så jeg fik skabt en model, jeg har taget med videre og udviklet på hen ad vejen.

Under min research stødte jeg på et studie af psykologi-professoren Carol Dweck, som har undersøgt, hvordan den feedback, vi får, påvirker vores forståelse af, hvad der er vigtigt og værdsat. Hendes undersøgelser

Når kropssprog bliver til holdning

Anja Bolbjerg

Jeg var en typisk dansk pige, som lige var startet i gymnasiet. Bortset fra at jeg boede lidt længere fra skolen end de andre i klassen og havde en noget ældre kæreste, var jeg vist ikke meget anderledes end de andre. Et par måneder inde i 1. g fik mine brødre og jeg at vide, at vi skulle flytte til Paris til nytår og bo i tre år. "Det gør ikke noget," svarede jeg, "jeg bliver bare her imens, okay?" Mine forældre var ikke helt enige i, at det var en mulighed, og de stod fast på, at jeg skulle flytte med dem. De var sikre på, at jeg ville synes rigtig godt om det.

Mine brødre og jeg startede på en international skole i Paris. Her var jeg virkelig anderledes, og det var alle de andre også. I spisesalen sad drengene omkring runde borde, imens de snakkede og grinede højlydt. Bag dem stod altid et hold af piger, men de var aldrig rigtigt med i samtalerne. Jeg undrede mig over, at de bare gad at stå der. Det var helt normalt, at pigerne gik ud satte deres hår med hårspray i pauserne. Det, syntes jeg også, var lidt mærkeligt. De tænkte sikkert noget tilsvarende om mig. Der skal ikke så meget til at være anderledes i den alder. Jeg kunne dog godt lide de forskellige sportsgrene, som vi kunne dyrke på skolen, og jeg var altid med på en fest, så det var ikke så svært at finde nogle, der var sjove at hænge ud med. Faktisk lærte jeg hurtigt at sætte pris på den plads, der var til at være anderledes.

Jeg gik fra at have haft det nemt i skolen i Danmark til virkelig at måtte kæmpe for at forstå kemi og alle de andre fag på engelsk. Jeg havde ikke lige det fornødne ordforråd med mig fra engelsktimerne i Danmark, hvor undervisningen mest havde handlet om Covent Garden og

Om forfatteren

Ulla Schmidt Andersen er oprindeligt uddannet som farmaceut med speciale indenfor kvalitetssikring, rådgivning, undervisning og personaleudvikling. Omdrejningspunkterne i hendes karriere har altid været at arbejde med mennesker, levere høj kvalitet og give værdifuld faglig rådgivning. Efter at hun fik øjnene op for, at der er mere end konventionel medicin mellem himmel og jord, har hun kontinuerligt uddannet sig indenfor kropsterapi, healing og energimedicin, ligesom hun konstant dygtiggør sig indenfor området selvhelbredelse gennem personlig udvikling og spirituel vækst. I 2007 valgte hun at opgive farmaceutkarrieren til fordel for sin Klinik for Selvhelbredelse, hvor hun behandler, rådgiver, underviser og inspirerer andre, der ønsker at transformere sygdom til vækst, og styrke deres selvhelbredende kræfter. Med udgangspunkt i en holistisk model, der skaber balance i sind, krop, ånd og emotioner, hjælper hun mennesker med at finde ind til deres indre kerne af sundhed, så de kan få en bedre livskvalitet.

www.klinikforselvhelbredelse.dk

Skulle jeg vende tilbage til et sikkert og velanset job som farmaceut, eller skulle jeg bygge min fremtid på mine evner som healer og terapeut, selvom folk ville tro, at jeg var mærkelig? Jeg besluttede, at det var vigtigere at bringe selvhelbredelses-konceptet ud i verden og blive en formidler af det, jeg havde lært, end at bekymre mig om, hvad andre måtte tænke om mig. Jeg arbejder nu som holistisk behandler, og hjælper andre på deres rejse til selvhelbredelse.

Da jeg selv tog ansvar for mit helbred, fandt jeg ud af, at jeg kunne "vælge", om jeg ville være syg eller rask, og at jeg har en indre kraft til at helbrede mig selv. I min egen proces kom jeg af med fordøjelsesproblemer, bækkensmerter, hovedpine og allergier, som jeg havde lidt af i årevis. Min søn har aldrig haft nogen tilbagefald. Han er stadig sit glade, veltilpasse selv. Og det bedste er, at du kan gøre det samme.

Det har jeg lært

Min fortælling er et koncentrat af 10 intense år i mit liv. Jeg vil gerne dele nogle af de vigtigste ting, jeg har lært om sundhed og sygdom. Det er mit håb, at de vil være til nytte.

- Selvhelbredelse er en rejse, der gennem selvopdagelse og selvudvikling fører ind til din indre kerne af sundhed.
- Du er ikke et offer for sygdom. Sygdom er en invitation til at lære noget og transformere dit liv.
- Følger du ikke din sjæls kald, kan du blive syg.
- Medicinsk videnskab kan være virkningsfuldt, men er kun en brik i puslespillet, når man taler helbredelse.
- Sygdom er ikke blot fysisk. De mentale, spirituelle og emotionelle planer, må også heales, før du kan blive helt rask.
- Alle har kraften til at helbrede sig selv, og til at styrke sine selvhelbredende kræfter.

vejen. Så jeg købte en massagebriks, hvor jeg kunne give sessioner som en hobby, og jeg nød det.

Reiki-healing blev en åbning til den spirituelle verden for mig. Det var en grund, jeg aldrig før havde betrådt. Jeg begyndte at se farver, når jeg healede, og mens jeg prøvede at regne ud, hvad det betød, var der igen en bog, som bogstavelig talt faldt ud af reolen. Det var en selvbiografi af Vicky Wall, som grundlagde Aura-Soma-systemet til healing gennem farver. Det viste sig, at Vicky Wall var farmaceut ligesom mig, og arbejdede på apotek, da hun blev guidet til at skabe de healende, farvede balance-olier. Var det et sammentræf? Næppe. Selvfølgelig følte jeg mig ledt til også at studere Aura-Soma. Men da jeg samtidig var arbejdsløs, skulle jeg søge nye jobs indenfor det farmaceutiske område for at kunne modtage arbejdsløshedsunderstøttelse. Så jeg skrev under på en ny jobkontrakt.

Da det blev første arbejdsdag og tid til at tage af sted til min nye arbejdsplads, gik mit hjerte pludselig amok. Jeg var faktisk bange for, at det skulle hoppe ud af brystet på mig. Det bankede så voldsomt, at jeg måtte tage en beslutning straks. Jeg ringede til mit nye arbejde og sagde, at jeg var ked af det, men jeg kunne ikke tage jobbet alligevel. Sådan. Efter nogle få timer slappede mit hjerte af, og jeg var mig selv igen. Ingen forstod, hvad der foregik i hovedet på mig, når jeg kunne afslå et job på den måde. Måske forstod jeg det heller ikke helt selv.

Mens jeg reflekterede over min beslutning, fik min mand et jobtilbud som udstationeret i Paris. Vi trak teltpælene op og rejste fra Danmark til Frankrig med vores lille familie. I Paris kendte ingen min historie, og ingen behøvede at vide, at jeg i virkeligheden var en vanvittig farmaceut, der havde fået en åbenbaring. Jeg kunne bare sige: "Goddag, jeg hedder Ulla, og jeg er healer." Det var som at få visket tavlen ren. Jeg følte mig fri til at slippe alt det drama, der havde været. Jeg kunne for første gang favne mit "nye jeg". Jeg trådte ind i min nye rolle, og det føltes godt. Det var opløftende at bo i et land, hvor jeg ikke blev betragtet som forkert eller kigget på, som om jeg var skør, hvis jeg dristede mig til at tale om naturlige helbredelsesteknikker. Jeg åbnede min klinik og føjede flere ting til mit repertoire. En af dem var homøopati. I Frankrig er der tradition for at bruge konventionel medicin, homøopati og plantelægemidler sideløbende. En hel anden tilgang end i Danmark.

Efter nogle lykkelige år i Frankrig, hvor jeg konstant arbejdede med selvudvikling og lærte flere værktøjer til helbredelse, var det tid til at flytte tilbage til Danmark. Igen måtte jeg træffe en vigtig beslutning.

sundhed sideløbende med den tradition, som jeg var blevet opdraget i. Hvordan kunne det være, at jeg ikke havde hørt om disse ting gennem mine otte års uddannelse og 15 års praksis?

Jeg fik selv behandlinger med kraniosakral-terapi. Smerterne fra min bækkenløsning, som jeg havde døjet med i fem år, siden jeg var gravid med min datter, forsvandt gradvist. Jeg begyndte også at tage kurser i kraniosakral-terapi. Det var en stor lettelse at vide, at jeg faktisk selv kunne hjælpe min søn, hvis han nogensinde skulle opleve melankoli igen.

En dag hvor jeg lå på briksen til en behandling, skete der til min forbløffelse noget helt ubeskriveligt. Pludselig så jeg et klart, hvidt lys. Det var som om, at nogen havde tændt for solen inde i mit hoved. Jeg regnede med, at det måtte være, fordi solen skinnede ind af vinduet. Men så med ét, ud af det rene ingenting, vidste jeg det bare; jeg skulle være healer. Da jeg åbnede mine øjne igen, var der ingen sol i lokalet. Denne oplevelse bragte reiki-healing ind i mit liv. Jeg studerede også metafysiske sygdomsårsager inspireret at Louise Hay. Hun blev sammen med Deepak Chopra, Susanna Ehdin og Edward Bach mine nye guruer. De havde i årevis vidst de ting, som netop have åbenbaret sig for mig.

Mine kolleger på arbejdet var åbensindede, og lod mig give dem behandlinger. Men så skulle firmaet omstruktureres, og jeg måtte finde et andet job. Jeg blev ansat i en traditionel medicinalvirksomhed, men af en eller anden grund, passede jeg ikke rigtigt ind. Det var ikke, fordi jobbeskrivelsen var forkert i forhold til min profil. Jeg kunne bare ikke længere tale åbent med mine kolleger om, at jeg healede i min fritid. Det virkede ikke, som om at de bifaldt det. Jeg var frustreret, fordi jeg havde et stort ønske om at bringe denne fantastiske visdom ud i verden, men ingen syntes at forstå det, eller også virkede de komplet ligeglade.

De fleste af mine venner og bekendte på det tidspunkt var også skolet indenfor den naturvidenskabelige tradition. De var farmaceuter, kemikere og ingeniører. Hvis jeg forsøgte at snakke om healing eller energimedicin, blev de tavse. Selv kraniosakral-terapi, som er anatomisk og relateret til nervesystemet, var ikke noget godt samtaleemne. Jeg følte mig alene med mine nye indsigter og min nye viden. Jeg kunne ikke engang tale om disse ting med min mand, som også arbejdede i medicinalindustrien.

Efter mindre end et år blev jeg afskediget fra mit job uden nogen ordentlig forklaring. Jeg valgte at tro, at det var universet, der havde grebet ind på mine vegne, og at det fortalte mig, at jeg skulle følge healer-

det udelukkende farmaceuter, der kan ansøge om at blive udnævnt som apoteker, og det kræver mange års praksis og efteruddannelse at komme i betragtning. Men alt dette føltes ligegyldigt nu.

Med mit nye kendskab til en alternativ behandlingsform, som havde hjulpet min søn hurtigere og bedre end nogen former for medicin ville have kunnet, var det blevet kreperligt at lange medicin over disken dagen lang – især når det drejede sig om medicin til børn med psykiatriske diagnoser. Jeg følte mig splittet. Jeg kunne ikke tillade mig at fortælle forældrene om mine nye indsigter uden at være illoyal overfor apoteket.

Efter nogle få måneder begyndte jeg at blive mere og mere syg. Igen var jeg ude af stand til selv at kunne kontrollere symptomerne, men denne gang gik jeg ikke til lægen. I stedet forlod jeg mit job. Ikke blot for nogle få timer, men for altid. Jeg fandt et job, hvor jeg ikke behøvede at udlevere medicin til kunder. Det var på en fabrik, der fremstillede vitaminpiller og kosttilskud. De leverede også produkter til helsekostbutikker, og jeg opdagede, at der var en hel verden af selvhjælpsmidler udenfor apoteket.

Her blev jeg opmærksom på Bachs Blomstermedicin. Jeg var meget nysgerrig efter at finde ud af, hvordan disse remedier kunne virke, for det lignede ikke noget, jeg nogensinde var stødt på gennem min formelle uddannelse. De indeholdt ikke nogen aktive ingredienser – kun et energi-aftryk. Jeg havde min tvivl, men hvad. Jeg havde heller aldrig forestillet mig, at bittesmå justeringer af kraniet og rygsøjlen kunne bevirke sådan en kæmpe forskel på helbredet, men jeg havde selv set beviset. Så jeg gav Bachs Blomster en chance. Efter nogle få uger faldt en lille vorte på min hals pludselig af. Bare sådan. Det var fuldstændig som magi for mig – især fordi blomsterne behandler din emotionelle tilstand. Jeg ændrede også min diæt for at få kontrol over mit fordøjelsessystem igen. Jeg spiste nu hovedsagelig økologisk kost, og jeg stoppede med at drikke kaffe med mælk og sukker fra den ene dag til den anden.

Efter at have oplevet de positive effekter af forskellige alternative tiltag vidste jeg, at mit naturvidenskabelige verdensbillede var begrænset. Ikke at det var fuldstændig forkert, men det var åbenlyst ikke tilstrækkeligt, når man har med helbred at gøre. Den naturvidenskabelige model var ikke hele sandheden, men blot en lille delmængde af det fulde billede. Jeg funderede over, hvad der ellers var muligt, og så startede jeg ellers på at studere selvhelbredelse. Notorisk. Jeg var fuldstændig optaget af hele idéen om, at der eksisterede en hel anden tilgang til sygdom og

kunne tage for at få kontrol over sygdommen. Men mit spørgsmål gjorde lægen vred. Han forklarede mig i meget barske vendinger, at min sygdom intet havde at gøre med ernæring, og at jeg hellere måtte tage medicinen med mindre, jeg var villig til at få fjernet min tarm kirurgisk. Det var jeg overhovedet ikke villig til. Så jeg tog hjem, tog mig sammen og startede på medicinen. Blot for at konstatere, at jeg uheldigvis ikke kunne tåle netop det lægemiddel. Jeg udviklede en allergisk reaktion, som fik mit ansigt til at svulme op som en ballon. Og nu sad jeg så overfor en anden læge. Han så forvirret og bekymret ud.

Men det var ikke den eneste bekymring i mit liv. I næsten et år havde min niårige søn været deprimeret. Uanset hvad jeg prøvede, var jeg ikke i stand til at gøre ham glad, og det knuste virkelig mit hjerte. Jeg følte mig utilstrækkelig som mor, fordi jeg ikke kunne hjælpe ham, men på den anden side var jeg heller ikke parat til at gå til lægen med ham. Jeg havde arbejdet på apotek i mange år, og set hvor kraftigt børn med psykiatriske diagnoser blev medicineret. Jeg ville ikke lade det ske for min søn, så jeg sad fast. Mit største ønske var at se ham glad igen, men jeg havde ingen idé om, hvordan det skulle ske, og jeg var for bange til at bede om hjælp.

Men det var åbenbart min og min læges lykkedag. Jeg tog lægens "bedste gæt"-medicin, og hævelserne begyndte at falde. Efter en uge var jeg tilbage i normal størrelse. Og så skete miraklet ud af det blå. Da jeg var på biblioteket, var der pludselig en bog, der kaldte på min opmærksomhed. "Hjælp dit barn", hed den. Den snuppede jeg og læste den fra ende til anden. Det viste sig at være en bog om kraniosakralterapi. Jeg havde ikke engang hørt ordet før, men ifølge bogen kunne denne blide behandling faktisk hjælpe børn med diagnoser som ADHD, autisme, og også triste børn, som min søn. Det var virkelig værd at forsøge.

Behandlingen hjalp min søn. Efter bare nogle få sessioner vendte han tilbage til sit gode, gamle, glade selv. Du kan sikkert forestille dig, hvor glad jeg blev. Ingen mor ønsker at se sit barn mistrives og uden et smil på læben. At se min søn smile igen var bare sådan en utrolig glæde. Så alt vendte tilbage til normalen. Men noget havde alligevel ændret sig.

Selv om jeg var glad for, at min søn havde det godt igen og jeg selv var sluppet med skrækken i forhold til hævelsen, opdagede jeg et nyt problem. Jeg følte mig ikke godt tilpas på mit arbejde længere. Jeg nød det ikke, som jeg plejede. I årevis havde jeg arbejdet på min karriere som farmaceut for at kvalificere mig til at få mit eget apotek. I Danmark er

Vi har alle kraften til at helbrede os selv

Ulla Schmidt Andersen

Jeg er ikke den type, der går tidligt hjem fra arbejde, bare fordi jeg får det dårligt. Men denne dag, hvor min næse pludselig hævede op til dobbelt størrelse og mine læber blev nærmest fem gange så store som normalt, var jeg simpelthen nødt til at lade mine kollegaer i stikken. Mit ansigt svulmede op, og jeg kunne mærke, at processen endnu ikke var slut. Det føltes som om, jeg snart ikke længere kunne være i mit eget skind. Jeg havde det vildt ubehageligt, og var bange for, at min tunge og mit svælg også ville begynde at svulme op, så jeg ikke længere kunne trække vejret. Panikken bredte sig, og jeg følte mig hjælpeløs.

Jeg skyndte mig at tage til lægen, men blot for at konstatere at han var næsten ligeså rædselsslagen som mig. Han vidste ikke, hvordan han skulle behandle min tilstand, fordi hævelsen skyldtes en allergisk reaktion på netop den type af medicin, som man normalt bruger til behandling af akutte livstruende ødemer som mit. Der sad jeg. Foran den ene mand, som burde vide, hvordan man hjælper syge mennesker, og han var bekymret? Så han krydsede fingre, og skrev mig en recept på et andet lægemiddel.

Blot et par dage før havde jeg været på hospitalet, fordi jeg havde svære smerter og blødninger fra tarmen. Jeg havde lidt af sygdommen Colitis Ulcerosa i 25 år, og normalt kunne jeg hjælpe mig selv uden at tage medicin. Men ikke denne gang. Symptomerne var så slemme, at jeg var nødt til at besøge hospitalet. Jeg husker, at jeg spurgte lægen, hvad jeg selv kunne gøre ved min kost, eller hvilke forholdsregler jeg ellers

Overvej hvilke følelser, der dominerer dine tanker og i din krop, nor du ligger i din seng og er klar til at sove. Går du i seng med en følelse af glæde og tilfredshed, mens du tænker: "Det var en god dag" eller er du fyldt med tanker som: "Endnu en spildt møgdag. Jeg når da heller aldrig noget. Hvis bare det var anderledes."

Livet går op og ned. Det er en del af at leve, men når du beslutter dig for aktivt at tage en god dag og ikke blot passivt have en god dag, så sker transformationen og livsglæden begynder.

Om forfatteren

Birgit Elgaard Bretts liv har ført hende vidt omkring. Hun har boet på fem kontinenter og arbejdet med alt fra udviklingsprojekter, ernæring og overfladekemi til HIV-forebyggelse og coaching. Den røde tråd har været undervisning, rådgivning, forandringshåndtering, stressforebyggelse, formidling, menneskelige relationer, selvledelse, udvikling og salg. I dag har hun egen virksomhed med fokus på undervisning, foredrag og coaching indenfor forandringshåndtering, stress, karriere og relationer. Birgit har en baggrund fra KU. År med omstruktureringer gjorde hende interesseret i coachuddannelser, herunder NLP Master, stresscoach, positiv psykologi og motivation og Silvainstruktør. Hun har udviklet konceptet "Tag en god dag" og er direktør for Silva Metoden i Danmark, som er kurser i mentaltræning og dynamisk meditation. Birgit arbejder og formidler på tværs af kulturelle og faglige skel. Hun brænder for at løfte folk, så de har fokus på at se muligheder, finde passionen og livsglæden og på det, de selv kan gøre, praktisk og enkelt.

www.birgitelgaardbrett.com

Efter at jeg afsluttede mit studie, tog jeg et smut tilbage til Afrika for at arbejde. Herefter flyttede jeg tilbage til Danmark, hvor jeg blev gift og ansat i skiftende store internationale koncerner i hvad der føltes som en uendelig strøm af omstruktureringsprocesser. Under min første graviditet fik min far konstateret kræft. To år senere cyklede vi en tur sammen. Hans mave var oppustet på grund af en syg lever, mens jeg var højgravid med mit andet barn. "Nu forstår jeg endelig, hvorfor højgravide kvinder brokker sig over den store mave," sagde han, mens han grinede. Det var sort humor, men min far valgte humoren, som gav os gode stunder i en svær tid. Endnu to år gik. Kort før terminen med mit tredje barn, døde min far derhjemme.

Tolv timer senere sad min mor og jeg i mit barndomshjem. Vi sad og så på min far, som lå fredfyldt i kisten. Pludselig trak min mor vejret dybt og udbrød: "Tja, vi har jo faktisk haft et godt liv. Vi har ikke oplevet nogen af livets store sorger." Jeg fik et chok og blev ramt af en dyb følelse af tristhed. Så langt tilbage, jeg kunne huske, havde min mor altid snakket om alt det, der kunne være bedre – om alle skuffelserne. Efter hendes udbrud følte jeg mig snydt. Tænk at jeg havde spildt alle de år på livets bekymringer i stedet for at fylde dem op med livets glæder. Jeg besluttede, at jeg ikke ville vente til en moden alder på gravens rand, før jeg favnede, at livet grundlæggende er godt. Selv når det er hårdt, kan jeg vælge mit fokus, humoren, se efter muligheder og ændre oplevelsen og tilstanden i min krop.

Det er, som om vi ofte skal have et vink med en vognstang, opleve noget livstruende eller blive gamle, før vi virkelig skaber det liv, vi ønsker, og værdsætter vores succeser, kærligheden og venskaberne. Jeg var heldig, at jeg fik et vink med en vognstang, da jeg var ung. Det var ikke sjovt, da det skete, men set i bagklogskabens klare lys, så var det en gave i forklædning.

Det har jeg lært

Livet har lært mig, at når vi bevidst tager ansvar for vores situation og livsglæde, kommer vi lettere igennem kriser og lever længere med bedre helbred, end hvis vi hænger fast i offerrollen med et fokus på alt det, der er forkert og uretfærdigt. Det handler ikke om at feje skidtet ind under gulvtæppet eller om at være "lalleglad", men om at flytte fokus, komme igennem, se muligheder og komme videre. Forskning i trivsel og positiv psykologi viser det samme.

en slags fyrtårn for mig. Livet blev godt. Jeg begyndte at nyde studentertiden og jeg elskede København.

Mens jeg skrev speciale, fik jeg sammen med en medstuderende muligheden for at bo tre måneder i Nepal. Her skulle vi interviewe lokale mænd og kvinder, som boede i 3000 meters højde i Himalaya. Turen til Nepal var en livsforvandlende rejse i en utrolig verden fyldt med de fattigste mennesker med de største hjerter. Til tider følte vi os som dyr i en zoologisk have. Børnene og mange af de voksne havde aldrig set europæere før. Når som helst vi åbnede skodderne, var vinduerne fyldt med små ansigter, som fulgte hver eneste lille bevægelse.

Vi spiste ris, ris og atter ris. Den lokale butiksejer i skuret under træet fortalte os, at hvis vi var heldige, så var risen fyldt med mider. Først blev vi vrede på ham over, at han forsøgte at snyde to nemme ofre, men da han begyndte at forklare sig, gav det hele mere mening. Han fortalte os, at gamle ris svulmer op, så de kan mætte flere maver, og hvis de samtidig er fyldt med mider, er der god næring i. Det var en vigtig viden i et område, hvor de lokale sultede tre til ni måneder om året. En ret markant indsigt i, hvor forskellig logik kan være afhængig af øjnene, der ser.

Vi havde masser af rotter i lerhytten, hvor vi boede. Når vi lå i soveposerne om natten, kunne vi høre dem kravle hen over taget og på jorden omkring os. Deres øjne skinnede i mørket, når vi lyste på dem med vores lommelygter. Vi gik direkte hen til den lokale ejer og insisterede på, at noget blev gjort, så rotterne ikke løb rundt på vores mad i køkkenet. Han fortalte til vores overraskelse, at rotter var hellige dyr, som skulle beskyttes. Derfor betragtede de katte som skadedyr. Akkurat som med miderne i risen blev vores verden igen vendt på hovedet.

Efter måneder med konstant diarré, væskende bylder på læggene fra insektbid, dårlig kost, dårlig hygiejne fordi vi vaskede os i den lokale flod, som også blev brugt til andre ting, et knæ der blev slået af led og udfordringen med at tale på en blanding af engelsk og nepalesisk foran hundredvis af lokale, så var vi – ikke overraskende – både slanke og forandrede, da vi kom hjem.

Efter turen til Nepal blev det endnu engang tydeligt for mig, at vi kan vælge perspektivet i de udfordrende situationer, som vi møder gennem livet. Den samme situation kan vendes på hovedet og forvandles gennem bevidste valg.

barndomsminderne blev lukket godt og grundigt. Hver aften faldt jeg grædende i søvn. Jeg ville bare hjem til Kenya.

I de følgende år havde jeg det rigtig dårligt. Jeg havde teenageproblemer derhjemme, blev mobbet og havde en stærk følelse af ikke at passe ind. Heldigvis havde jeg Jorams overlevelsesinstinkt med mig, og jeg brugte det flittigt. Efter et ophold i Australien var jeg klar til at tage hul på studenterlivet i København. Et nyt eventyr ventede forude. Pludselig var der intet mærkeligt ved at have en afrikansk barndom. Nu mødte jeg medstuderende, som havde rejst over hele verden.

Lettelsen var til at tage og føle på, men der var også slanger i paradiset. Det var et stort skift at flytte til en stor by uden noget netværk. Manglen på studenterboliger eksisterede også dengang. Flere flytninger kombineret med overvægt, hudproblemer og mor/datterudfordringer trak tænder ud. Mit humør ramte nulpunktet. Jeg begyndte at gå lange ture i nogle af Københavns smukkeste områder. Bevægelsen hjalp med at klare tankerne, men det føltes lidt som at tisse i bukserne for at holde varmen på en frostklar dag.

En sommerdag, hvor humøret var ekstra lavt, gik jeg en tur i Frederiksberg Have. Det er en oase fyldt med høje, gamle bøgetræer, buske, snoede kanaler med vand, ænder og blishøns, solbeskinnede grønne græsplæner, et smukt slot på bakken og Zoologisk Have lige ved siden af. Af og til kan man høre dyrene. Byen synes meget fjern. Jeg gik med hovedet nede og hænderne i lommerne, mens jeg stirrede ned i gruset med våde øjne. Jeg fulgte stien langs kanalen ind i mørket under det tag, som bladene skabte. Jeg var helt i mine følelsers vold og havde ondt af mig selv.

Da jeg rundede et hjørne, blev jeg pludselig ramt af sollyset. Jeg stoppede på stedet. Jeg havde gået her mange gange tidligere, så omgivelserne var kendte, men det at træde ud fra den mørke skygge og direkte ud i det skarpe sollys, rykkede mig brat ud af følelsesløsheden. Det var som et tryllelslag. Pludselig hørte jeg fuglene synge og latteren fra dem, der nød solen med vennerne på plænen. Solen varmede mine kinder og resten af mit ansigt. Det var som om, jeg fik en åbenbaring i det sekund. Jeg tænkte ved mig selv: "Jeg bliver nødt til at hjælpe mig selv. Jeg må tage tyren ved hornene og ændre min situation. Nu."

Jeg ændrede min kost, begyndte at gå flere lange ture, jeg læste bjerge af bøger og begyndte at tage ansvar for mine tanker. En erfaren kvinde gav mig et godt råd. Hun sagde: "Du kan ikke forandre din mor eller andre, men du kan forandre den måde, du reagerer på dem." Det blev

En dag hvor jeg atter sad helt sammenkrøbet under køkkenbordet, mens tordenvejret rasede udenfor, så jeg pludselig to enorme, sorte fødder og ben komme gående hen mod køkkenbordet. Jeg pressede mig ind mod muren. Fødderne standsede, benene bøjede sig og den meget store mand foldede sin krop sammen og kravlede ind til mig under køkkenbordet. Før jeg vidste af det, lagde han sin arm rundt om mig og begyndte at lære mig engelsk. Fra da af var hvert tordenvejr den hyggeligste tid på dagen. Joram så muligheder og forvandlede en rædselsvækkende situation til et eventyr.

Et par år senere flyttede vi ind til Nairobi, hvor jeg begyndte i børnehaveklasse. Læreren var meget streng. Hun brugte jævnligt både linealen og sine hjemmesko til at straffe os, hvis vi ikke havde lavet lektier eller larmede for meget. I 1. klasse flyttede jeg til en anden skole, som var drevet af nonner. Det var en fantastisk tid, men i et internationalt miljø forsvinder vennerne jævnligt for så at blive erstattet af nye ansigter.

Livet var fyldt med spænding og eventyr, men også ulykker. På et tidspunkt faldt jeg af en hest og lå i koma i tre dage. Ridehjelmen reddede heldigvis mit liv. Noget tid efter fik jeg min egen pony, som hed Blacky. Han var en god ven. Mine brødre havde altid sagt til mig, at man skal falde af hesten mindst hundrede gange for at blive en god rytter, så med tålmodig støtte fra Blacky gik jeg i gang. Jeg satte mig op på hans ryg uden sadel og så lænede jeg mig til siden, indtil jeg faldt af og landede på jorden ved siden af en noget forundret pony. Sådan fortsatte jeg, mens jeg talte. Jeg nåede aldrig til hundrede. Efter et smertefuldt fald besluttede jeg, at jeg hellere ville øve mig på at blive siddende på hans ryg. En nat blev Blacky bidt af en slange og fandt jeg ham død i stalden næste morgen.

Til trods for de hårde tider elskede jeg tiden i Kenya. Jorams læring sad på rygraden og livet føltes som et eventyr. Jeg elskede farverne, lydene, duftene, safarier og menneskerne. Men en dag blæste nye vinde. Da jeg var ni år, flyttede vi tilbage til Danmark, og verden skrumpede dramatisk. Nu befandt jeg mig pludselig i en lille, lokal skole. Nærmest ingen af de andre elever i klassen havde været uden for amtet, og da slet ikke i Afrika. Som ved et lynnedslag var jeg "hende den mærkelige". Hende der allerede var flydende på to sprog. Hende hvis referenceramme var snorkling i det Indiske Ocean eller vilde safarier med hylende hyæner og brølende løver. Låget til kassen med alle

Radio viste ikke julekalender- og børneprogrammer om andre lande og kulturer, så jeg vidste ikke meget om, hvad vi kom frem til.

Vores have i Kenya var ikke længere den sikre, trygge eventyrverden til vilde fantasirejser, som den var i Danmark. Nu var vores have et ægte levende eventyr med giftslanger, edderkopper, vilde aber og leoparder. Jeg fik at vide, at leopardernes yndlingsmåltid var hunde. Tanken om at min nye bedste ven, Brutus, skulle ende som aftensmad, blev et af mine værste mareridt.

Et andet mareridt var, når vi hver eneste aften blev ramt af et tropisk tordenvejr. Stormen var voldsom med øredøvende torden og regnskyl. Luften var tung af tropisk regn og vådt støv. Insekterne fløj forvildede rundt og bankede ind i lyset fra lamperne. Når himmel og jord stod i ét, kravlede jeg ind under køkkenbordet, hvor jeg gemte mig helt inde bagerst med ryggen mod muren. Gennem trådnettet i køkkendøren kunne jeg lige akkurat se de kæmpe store tropiske regndråber hamre ned i den røde afrikanske jord. Larmen på det røde bliktag var overvældende.

Min mor og jeg var ofte alene, når far rejste. Vi var omgivet af afrikanere, som kun talte swahili og lidt engelsk. De eneste naboer indenfor flere hundrede kilometer var afrikanere og indere. Kulturforskellen var enorm. De boede i små lerhytter i landsbyer, hvor de dyrkede marker og passede deres får, geder og køer. Jeg havde aldrig mødt, set eller hørt mennesker, der talte på den måde, så sådan ud og levede som dem. Min mor talte engelsk, men jeg forstod ikke et ord. Den daglige kontakt til mine søskende var væk og der var ingen at lege med.

Kort tid efter vores ankomst til huset blev vores indkørsel nærmest invaderet af lokale mænd og kvinder. De ventede på, at vi ansatte mindst en kok og en havemand. Min mor var en meget jordnær og praktisk kvinde, så hun mente nok, at hun selv kunne klare rollen som husmor – især nu hvor vi kun var tre hjemmeboende i familien. Men det var hun dog ikke ene om at bestemme, for de lokale forventede, at vi ansatte tjenestefolk. For dem var tjansen som kok eller havemand i et hjem af udstationerede hvide en god indkomst. Så da invasionen havde stået på i flere dage, gav min mor sig og ansatte en kok og en havemand. Kokken var en meget høj, stor fyr, som hed Joram. Han havde en skriftlig udtalelse med fra en familie, som var rejst, men ellers vidste vi intet om ham. Joram boede i et hus i haven. Det føltes, som om han altid var i nærheden.

Tag fjernbetjeningen til din dag tilbage i din hånd

Birgit Elgaard Brett

Forestil dig en lille pige med lange, blonde rottehaler. Hun er tre år gammel og langt den yngste i familien. Hendes verden er et lille hjørne af Danmark. Hun er sjældent alene og har næsten altid mindst en opmærksom søskende i nærheden. Livet er kendt, sikkert og trygt i forstaden til en lille by i et smukt landskab. Men med ét bliver alt forandret. Far rejser væk. Han er flyttet til Afrika. Det er der, hvor løverne, leoparderne og elefanterne bor.

Et halvt år senere flytter min mor, mine søskende og jeg ned til min far i Kenya. Efter mange timer i en flyvemaskine tager han imod os i lufthavnen. Det hele er meget spændende. Vi er sammen nogle dage i Nairobi, men pludselig er der igen farveller, kram og tårer. Forvirret vinker jeg farvel til mine søskende. De skal gå på en kostskole, der ligger langt væk fra, hvor vi skal bo. Familien er delt igen.

Jeg sidder på bagsædet i bilen og kigger måbende ud af vinduet. I mange timer kører vi gennem et vildt landskab fyldt med totalt fremmedartede dyr og mennesker. Det er en varm og støvet køretur på ujævne veje. Endelig ankommer vi til vores nye hjem ude i vildmarken, men alting er anderledes og føles forkert. Nu er vi kun min far, min mor, den nye hund, Brutus, og mig.

Vores ankomst til Kenya skete i tiden inden globalisering. Dengang var det usædvanligt at rejse verden rundt med sine børn. Danmarks

ville gøre – tro mig, det har jeg prøvet. Men rent faktisk at gøre det, heri ligger forskellen. Det er en succes i sig selv at handle, for kun på den måde kan du skabe en virkelighed, som rent faktisk *er* virkelighed – en virkelighed, som du kan bygge videre på og ovenpå – skridt for skridt.

Det har jeg lært

Hvis du kan tage blot ét lille skridt på vej mod noget, du ikke tidligere har turdet eller troet, du kunne, så er min mission lykkedes. Og hvis du har en overbevisning om at du ikke kan, så opsøg grunden til den overbevisning, udforsk den – og eliminér den! Jeg troede for eksempel ikke, at jeg kunne fortælle så personlig en historie som denne. Ikke desto mindre har du lige læst den. Der er kun én måde at komme fra tanke til virkelighed på; ord for ord, skridt for skridt, dag for dag. Det kan godt være, at du ikke kan rejse dig fra sofaen og løbe et maraton lige nu, men du kan godt tage et skridt ikke? Godt, tag så et mere, og ét mere. Fortsæt sådan. En dag vil målstregen være lige foran dig.

Så hvad skal dit næste skridt være? Hvordan vil du skabe en virkelighed, der overskriver og sletter dine negative overbevisninger, og rent faktisk viser dig "in your face" at du godt kan, at du er god nok, og at du bare skal i gang?

Om forfatteren

Kim Bjørn er designer, elektronisk musiker, forfatter og foredragsholder. Han har udgivet over en håndfuld bøger inden for sit fagområde og holder jævnligt foredrag og workshops for virksomheder og organisationer, der vil optimere deres visuelle kommunikation, designstrategi, brand eller markedsføring. Med årene tog han sin forkærlighed for at skabe musik mere og mere alvorligt. Det har blandt andet resulteret i mange års koncerter og events under projektnavnet Dreamhub, hvor hans elektroniske ambiente lyduniverser har skabt unikke oplevelser for tusindvis af mennesker i ind- og udland og udgivelsen af seks albums. Med tiden er Kim blevet kendt for sin passionerede formidling og kreative produktivitet. Derfor har han startet et projekt, der hjælper mennesker med at prioritere, fokusere og realisere deres idéer, drømme og projekter. Det er blandt andet baseret på hans egne erfaringer med at bringe både egne og kunders idéer til virkelighed gennem mange forskellige typer projekter i årenes løb.

www.kimbjorn.com

troet, jeg kunne. Som etårig er de færreste af os fyldt med begrænsende overbevisninger, men senere i livet er det en anden sag. Jeg ville unde alle at opleve den følelse mindst én gang i deres voksne liv – uanset hvordan.

Vejen frem til målstregen var ikke kun de 42,2 kilometer, men også et halvt år med hundredevis af kilometer, hvor jeg kæmpede mig ud af et brudt parforholds skygge og tilbage på banen. Det skete skridt for skridt, kilometer efter kilometer. Det var også overvindelsen over det faktum, at jeg i min ungdom var blevet opereret i begge fødder og at jeg senere i livet døjede med hævede knæ i en årrække.

Efter løbet og den euforiske oplevelse begyndte jeg at suge mere til mig, søge endnu mere inspiration til at bryde med mine hidtidige tanker om, hvad jeg kunne eller ikke kunne. For eksempel fik jeg den tanke, at jeg kunne ændre mit efternavn til et gammelt familienavn – hinsides mine to fædre. Det var nemmere, end jeg troede, og gav mig min helt egen identitet og følelsen af at tage min styrke til mig. "Changing the name, changes the game" blev et af mine citater. Ja beklager, men det lyder altså bare bedre på engelsk.

Som tiden gik, sagde jeg mit gode job op, løb mit andet maraton og startede min egen virksomhed. Alle tre ting havde jeg prøvet før med varierende held, men denne gang var det med et helt andet udgangspunkt. Det var blevet en vane at tænke, at jeg ret så sandsynligt kunne det, jeg ville. Og jeg *ville* for eksempel gennemføre mit andet maraton – til trods for at jeg de sidste 15 kilometer havde kramper i benene og måtte stoppe for hver 500 meter. Det kan rent faktisk være svært at tro på, at man kan – også selvom man så gerne vil. Men når man har prøvet noget før, og det er lykkedes, så er der ikke langt til at tænke, at det måske kan lykkes igen. Og det gjorde det. Også denne gang kom jeg over målstregen. Denne gang lærte jeg også, at man sjældent opnår succes uden hjælp fra andre – og jeg er evigt taknemmelig for dem, der støttede mig. På samme måde havde jeg sat et månedligt omsætningsmål i min virksomhed, som jeg ville nå efter et år. Da jeg nåede det efter kun tre måneder, ramte den nye virkelighed mig igen: "Jeg kan rent faktisk gøre det her – det er muligt."

Efter selv at have gået med Nike's hvide basket-sneakers i 1980'erne, har jeg altid syntes godt om deres slogan "Just do it". Livet belønner handling. Når du gør noget – tager action – så skaber du en virkelighed, der er langt nemmere at tro på end blot en tanke. Man kan bruge lang tid i sofaen med at visualisere eller tænke over, hvad man kunne eller

5

nemlig at jeg var ønsket, behøvede jeg ikke længere blot at tro på. Den havde hele tiden været virkelighed. På en og samme tid fyldte det mig med glæde, men også sorg. Selvom jeg for længst havde tilgivet dem alle sammen, var det alligevel en underlig følelse at blive sat fri – at være god nok. Sådan en helt almindelig tirsdag aften på Frederiksberg.

Som de fleste oplever, når de bliver lukket ud af et fængsel, er det svært at vænne sig til den nye virkelighed. Senere samme år skete den første ting, jeg ikke havde set komme. Det gik først op for mig, da det var forbi – og var gået godt. Alt kunne ellers gå galt, da jeg skulle spille min elektroniske musik live på landsdækkende tv med 1500 tilhørere i Københavns Domkirke, mens blandt andet Desmond Tutu talte til. Men computeren kørte upåklageligt, ingen af de royale faldt i søvn og bagefter roste ærkebiskoppen af Canterbury musikken over for min mor – hvilket han ikke havde behøvet, for hun er i forvejen min største fan.

At spille under COP15 klimakonferencen var første skridt på vejen til at gøre ting, som jeg ikke tidligere havde troet nok på mig selv til at gøre. Jovist, jeg havde skrevet nogle bøger og holdt massevis af foredrag og seminarer, og i flere år havde jeg haft ledende stillinger, men det var mest fordi, min passion for det, jeg arbejdede med og underviste i, var så stor, at den næsten overskyggede min frygt for, hvordan det skulle gå eller blive modtaget. Jeg havde ikke set det som noget specielt, at jeg holdt foredrag, skrev bøger eller var leder. Men efter den aften på caféen var det noget andet. Nu kunne jeg begynde at se mig selv gøre ting, som jeg ikke før troede var muligt for "sådan en som mig" – og jeg begyndte at gøre dem, fordi jeg ville – ikke fordi jeg følte, jeg skulle eller at det var forventet af mig. Allervigtigst begyndte jeg at anerkende mig selv for, hvad jeg havde opnået – og tro på at jeg kunne opnå andet og mere.

Derefter fulgte årligt flere hændelser, som skyldtes, at jeg havde minimeret min tanke om ikke at være ønsket eller god nok. For eksempel havde den helt urealistiske tanke om, at jeg måske kunne løbe et maraton, sneget sig ind på mig. Det skete, da en af mine rigtig gode venner løb maraton i Københavns gader. Da nogle af de sidste løbere kom gående, prustende og slæbende på langt flere kilo, end jeg havde troet muligt i den situation, blev jeg både ramt af en dyb respekt for dem, og en tanke om, at så kunne jeg måske også. Jeg så den kamp, de kæmpede. Kampen mod deres egen eller andres overbevisning om, hvorvidt de havde viljestyrken til at gøre det.

Da jeg et år senere krydsede målstregen til mit første maratonløb, var det en ubeskrivelig følelse af at have gjort noget, jeg ikke tidligere havde

Budskabet var, at min far ikke var min rigtige far. Gennem årene havde jeg lært at skjule mine følelser for at undgå misbilligende blikke fra min stedfar, så jeg mumlede blot til deres lettelse, at det jo ikke betød noget. For inderst inde havde jeg altid vidst, at noget var galt, at jeg var anderledes – ikke mindst da jeg en grå vinterdag, opdagede at dér, midt på forsiden af et af mine Anders And-blade, stod et andet efternavn efter mit fornavn. Børn er svære at skjule noget for.

Jeg brugte det meste af mit liv på at tro på de negative tanker om mig selv. Jeg tog dem med i seng om aftenen og fortalte min ramponerede, brune bamse om dem. Jeg mindede mig selv om dem, når der var løb i idrætstimerne – med det resultat at jeg indimellem stod tilbage på startlinjen og surmulede, eller modstridigt luntede sidst i mål. Det var kun, når jeg håndgribeligt kunne bevise, at jeg var god til noget, at jeg *næsten* troede på det. For eksempel som at få de bedste karakterer i skolen – sort på hvidt. Eller senere i livet; når en bog var udgivet eller når jeg havde holdt et foredrag og publikum klappede. Alligevel hang følelsen af ikke at være god nok altid ved.

Hvis du har skrabet lidt i den personlige udviklingslitteraturs overflade, er det ikke nogen nyhed for dig, at vores tanker skaber vores virkelighed. Det er rigtig nemt at læse sig til eller at belære andre om i køkkenet ved en privat fest klokken fire om morgenen. Internettet flyder over af fine blomstrede citater om, hvordan du bare skal tro på dig selv, så får du succes. Og vi får at vide, at man kan, hvad man vil. Men det er langt sværere at være opmærksom på de øjeblikke, hvor dine tanker rent faktisk former dine beslutninger og handlinger – gode som dårlige. I de nære, dagligdags ting, eller i det helt store perspektiv. Det er altid først bagefter, når vi får tid til at reflektere – "connecting the dots" som Steve Jobs ville have sagt – at det måske går op for os, hvorfor vi handlede, som vi gjorde, eller sagde, som vi sagde. Men her var en hændelse, hvor jeg fik lagt en virkelighed på bordet, som var så håndgribelig og diametralt modsat af, hvad jeg havde gået og forestillet mig i mere end tre årtier, at jeg ikke kunne undgå den.

Da jeg trådte ud af caféen den aften for mere end syv år siden, havde min virkelighed altså ændret sig. Jeg lagde ikke mærke til de dårligt designede kobberhåndtag på døren igen. Jeg bemærkede derimod den intense duft af blomster, tog en dyb indånding og missede med øjnene mod det gyldne aftenlys mellem træernes blade. Den summende lyd af glade mennesker og byens puls var ikke længere uden for mig, men en del af mig. Den tanke, som jeg hele livet havde kæmpet for at tro på,

hun sig om mod sin taske, der hang på stolen. "Jeg har forresten noget til dig," sagde hun med hovedet halvt nede i tasken. "Okay?" svarede jeg, mens min hånd rystede, da jeg prøvede at få greb om den alt for lille hank på den alt for smarte kaffekop.

Hun vendte sig om med et gult plasticchartek i hånden. Det var et af de her lidt tykke halvfjerdseragtige med prægede syninger. Hun skubbede det nænsomt hen over det lille firkantede sorte bord, så det kun lå få centimeter fra min hånd. Jeg stirrede undersøgende på det. Der så ud til at være nogle tegninger inden i. Jeg tog en dyb indånding, åbnede det, og trak dem langsomt ud. "Jeg ved ikke, hvad du har fået at vide," sagde hun stille, mens jeg kiggede på de farvede blyantsstreger, "men dem her har han haft liggende under sin seng, så længe jeg kan huske." Jeg vidste ikke, hvad jeg skulle sige, andet end: "Er det rigtigt?" Der var også et sort/hvidt foto af en lille dreng på cirka fire år. Det havde en hvid kant rundt om. Det så egentlig ikke falmet ud, kun lidt slidt på siderne. "Man kan godt se, det er dig," sagde hun smilende. "Han har altid haft det i sin tegnebog – det synes jeg, du skal vide."

Øjeblikket stod stille. For det var i det øjeblik, det gik op for mig, at alt hvad jeg havde troet og bildt mig selv ind, stykket sammen af følelser eller prøvet at regne ud i hele mit liv, var forkert. Mine tanker om mig selv, var baseret på en virkelighed, som ikke havde eksisteret. Beviserne lå foran mig – leveret af min halvsøster.

På det tidspunkt blev jeg nødt til at læne mig tilbage og kigge lidt rundt i lokalet, og det gik op for mig, at nogle af de andre par ved bordene ved siden af sad og smuglyttede. Det var, som om der var blevet stille i caféen – som om alle kiggede på mig og ventede på mit svar eller min reaktion. De fleste tænkte nok, at det var den mærkeligste date, de nogensinde havde været vidne til, hvilket jeg ikke kunne bebrejde dem. Den eksotiske lounge-musik vendte dog tilbage, og jeg kom selv tilbage fra mit filmiske slowmotion-syn. Tilbage til en virkelighed, som jeg havde svært ved at forstå eller få greb om. "Er det virkelig rigtigt?" gentog jeg tøvende inden i mig selv.

Igennem mit liv havde jeg skabt og troet på den tanke, at jeg var blevet forladt, skubbet til side og var uønsket af min nu afdøde biologiske far. Jeg havde forstået, at han "ikke var god til børn" – og jeg havde troet på det. Det kunne ikke være fjernere fra sandheden. Men forældres måde at beskytte deres børn på kan til tider virke ulogisk set i bakspejlet. Til min 10 års fødselsdag ville mine forældre for eksempel fortælle mig noget vigtigt. Det kunne jeg se på deres ansigtsudtryk.

Hvad tænker du på?

Kim Bjørn

Det var en kølig forårsaften. Træernes blade stod stille, og der var en forventningsfuld duft af sommer i luften. Jeg gik med hastige skridt og bebrejdede mig selv, at jeg nu var tre minutter for sent på den. Det ville have været rart at sidde der, allerede når hun kom. Så havde jeg måske haft en følelse af at have lidt styr på situationen. Da jeg kom tættere på caféen, gik det op for mig, at det var her jeg for 22 år siden havde mødt min første kæreste. Jeg havde ikke tid til at dvæle ved dejavu'et, men registrerede blot, at det var lidt af et tilfælde. Udefra lignede det sig selv med hvide træpaneler og rækværk ud til det nydelige Frederiksberg-fortov. Det var her alle de glade par og pæne borgere passerede forbi på vej til parken. Jeg følte mig knap så slentrende, glad eller afslappet, da jeg gik op ad havegangen mod døren. Det glatte kobberhåndtag var virkeligt dårligt designet, hvilket jeg bemærkede, da min svedige hånd nærmest smuttede af på det. Jeg fik kantet mig indenfor i varmen, mens den intense duft af kaffe og smørbagte småkager ramte mig.

Hun sad der allerede. Det var ikke til at tage fejl af. I en umærkelig tusindedel af et sekund stod jeg stille. Det var som at se på mig selv. Blot i en noget mere kvindelig og betydeligt kønnere udgave. Hendes smil var også en smule nervøst, men vi sagde hej og gav hinanden et venskabeligt kram. Det var mærkeligt – og så alligevel ikke. De næste par ordudvekslinger husker jeg ikke så klart, men vi stirrede meget på hinandens ansigter hen over hver vores café latte. Efter at have smalltalket lidt, passeret hen over formalia og nippet til kaffen, vendte

fortællinger som inspiration til at håndtere dine personlige udfordringer med større lethed og selvtillid, så du kan gå et liv i møde med flere succesoplevelser og mere glæde.

Jeg er inspireret og stolt af at have mødt hver og en af disse forfattere, og jeg er sikker på, at du også vil finde inspiration og glæde i at have deres ord med dig i livet.

Andrea Pennington, MD
Monaco
October 2016

Introduktion

Har du nogensinde haft en drøm om at gøre noget heroisk, at være en betydningsfuld person, eller bare være glad og fri? Har du fundet en lige vej til at nå dine mål? Det har jeg ikke. Ej heller har de modige forfattere, der deler deres personlige fortællinger om tragedie og triumf i denne bog.

Ligesom os har du sandsynligvis bemærket, at på vores rejse gennem livet støder vi på hullede veje, pukler, trafikpropper og andre udfordringer, der forsinker os eller leder os på vildspor eller omveje i forhold til vores bestemmelsessted. Eller måske endda et helt andet sted hen. Hertil kommer påvirkninger fra forskellige barndomsoplevelser, der trækker os mentalt i den ene eller anden retning ved at virke styrkende eller nedbrydende på os. Det er ikke så sært, at den lige vej sjældent findes, og det er intet mindre end mirakuløst, når vi formår at være positive og fokuserede på at finde vejen til det lykkelige liv.

Livet præsenterer os for en bred vifte af vendepunkter; kritiske øjeblikke, hvor vi beslutter at vende rundt og stikke af, sidde stille eller finde en ny vej frem. Til trods for de hårde slag eller dybe ar synes nogle mennesker at tage de udfordringer, de møder, i stiv arm. I stedet for at drukne i sorg trækker de en enorm styrke ud af oplevelsen og magter at stige op til overfladen. Snarere end blot at overleve ender de med at blomstre.

I denne bog vil du se, at for hver udfordring, du møder, har du et valg. Du kan give efter og opgive eller du kan grave dybt i dit hjerte og finde styrken til at komme videre. At overvinde personlige tab, sygdom, skade, misbrug, tvivl og frygt er muligt. Det er forfatterne i bogen et levende bevis på. De har alle mødt udfordringer, som de har brugt til at skabe positive forandringer i deres liv. Du kan bruge deres

Indholdsfortegnelse

Hvad tænker du på? *1*
Kim Bjørn

Tag fjernbetjeningen til din dag tilbage i din hånd *7*
Birgit Elgaard Brett

Vi har alle kraften til at helbrede os selv *14*
Ulla Schmidt Andersen

Når kropssprog bliver til holdning *21*
Anja Bolbjerg

Mænd græder ikke *28*
Paul Lyderer

Vejen til forandring ligger i kroppen *34*
Vivian Lee Chrom

Succes skabes udenfor din komfortzone *40*
Kjenneth Holm

Til døden os skiller *47*
Susanne Thunøe

Vi skal turde lytte til vores mavefornemmelse *54*
Anette Flamand

Vi skal op at stå *61*
Ole Wessung

Vi kan ændre vores liv ved at ændre vores tanker *68*
Josephine Dahl

Sig ja til livet *74*
Sussi la Cour

Styrken bag tremmer *81*
Helle Mai Nielsen

Personlig udvikling er en holdsport *88*
Thomas Rex Frederiksen

MAKE YOUR MARK GLOBAL PUBLISHING, LTD
USA & Monaco

Formålet med denne bog er hverken at yde medicinsk rådgivning eller at give recept på nogen form for teknik til behandling af en fysisk, medicinsk, psykologisk eller følelsesmæssig tilstand. Indholdet i bogen erstatter hverken direkte eller indirekte lægelig eller anden faglig konsultation. Bogen er alene skrevet for at dele generel information og personlig indsigt. Bogens udgiver og forfattere kan ikke stilles til ansvar for dine handlinger, hvis du skulle vælge selv at bruge nogle af de informationer, som du kan finde i bogen. Der kan ikke gives nogen form for garanti for, at rådene i bogen vil virke. Bogens udgiver og forfattere er ikke ansvarlige for tab eller skade, som bogens indhold måtte beskyldes for at have forårsaget.

Indholdet i bogen må ikke gengives, gemmes eller overføres i nogen form eller på nogen måde (elektronisk, mekanisk, fotokopiering, optagelse eller anden) uden forudgående skriftlig tilladelse fra ejeren af ophavsretten.

Forfatterne har gjort alt for at give nøjagtige oplysninger om referencer og internet-adresser, men de påtager forfatteren sig ikke ansvar for fejl eller ændringer, der opstår efter offentliggørelsen. Forfatterne frasiger sig også ethvert ansvar for tredjepartswebsteder og/eller deres indhold.

Design af bogomslag: Andrea Danon & Stefan Komljenović fra Art Biro Network www.artbiro.ba

Redaktører: Stine Buje og Andrea Pennington

Library of Congress Cataloging-in-Publication Data

Library of Congress Control Number: 2016917814

Pennington, Andrea (1970–)

14 inspirerende fortællinger om, hvordan livets udfordringer bliver drivkraft for personlig forandring

Første udgave: December, 2016 Las Vegas, Nevada

Publisher: Make Your Mark Global, LTD

196 sider

Trade Paperback ISBN 0998074527

Emner: selvhjælpsteknikker, personlig udvikling

Resumé: Lad disse fortællinger inspirere dig på vejen til succes og lykke. De 14 forfattere har leveret fortællinger fra virkelige oplevelser, hvor de har navigeret gennem smertefulde udfordringer og efterfølgende brugt dem til brændstof i deres stræben efter lykke. Oplev hvordan du også kan forvandle tragedie eller svære tider til en drivkraft for personlig transformation.

Bog trykt i USA & UK

Vendepunkter

14 INSPIRERENDE FORTÆLLINGER OM,
HVORDAN LIVETS UDFORDRINGER BLIVER
DRIVKRAFT FOR PERSONLIG FORANDRING

---

af

Ulla Schmidt Andersen - Kim Bjørn - Anja Bolbjerg Birgit
Elgaard Brett - Vivian Lee Chrom - Josephine Dahl
Anette Flamand - Thomas Rex Frederiksen
Kjenneth Holm- Sussi la Cour - Paul Lyderer
Helle Mai Nielsen - Susanne Thunøe - Ole Wessung

ULLA SCHMIDT ANDERSEN, KIM BJØRN, ANJA BOLBJERG, BIRGIT ELGAARD BRETT,
VIVIAN LEE CHROM, JOSEPHINE DAHL, ANETTE FLAMAND,
THOMAS REX FREDERIKSEN, KJENNETH HOLM, SUSSI LA COUR, PAUL LYDERER
HELLE MAI NIELSEN, SUSANNE THUNØE, OLE WESSUNG

VENDEPUNKTER

14 inspirerende fortællinger om, hvordan
livets udfordringer bliver drivkraft
for personlig forandring

www.ingramcontent.com/pod-product-compliance
Lightning Source LLC
Chambersburg PA
CBHW021125300426
44113CB00006B/300